里約×聖保羅

上山下海 Let's go!

跟著閒妻遊巴西

【巴西閒妻】謝如欣 Kelly Hsieh——著

推薦序

一起森巴吧！

台北藝術大學教授、專欄作家　邱坤良

我一直這樣認為，如欣不去開旅行社實在太可惜了。

我這個博士班的指導學生，一點刻苦研究的博士生樣子也沒有，鬼靈精怪，蹦蹦跳跳的，什麼好吃、好玩的都逃不過如欣的眼睛，就連在巴西做社區劇場的田野調查，都能同時把當地的美食、觀光景點和文化特色摸得一清二楚。

她看似每天都很快樂，表現出兵來將擋水來土淹的態度，笑嘻嘻看待每項挑戰，其實在她的笑容底下，藏著想把事情做到最好的緊張與焦慮，即使在博士口考時，心裡再怎麼憂心論文通過與否，仍然以微笑面對，從不怨天尤人，默默地努力完成每件工作。

如欣有個特質，就是一旦立定目標，不達目的絕不放棄，或許這正是她做記者多年，一貫追根究柢的精神。博士研究本就是獨立研究思考，如欣時常一頭栽進某個有趣的議題就消失無蹤，讓人擔心會不會又跑偏了路，大跳森巴舞去了。好在她總是在每個期限之前，突然丟出階段性的研究成果，雖然常叫我措手不及，卻也是有驚無險。沒想到，這樣也給她咬著牙完成了博士學位。

如欣除了學術論文外，她的創作風格一直很偏向旅遊文學，這本《跟著閒妻遊巴西》正發揮了她的專長，以她貫有的詼諧文字，帶著讀者快樂地遊歷她居住的城市——聖保羅，以及她的博士論文主題「被壓迫者劇場」發源地——里約熱內盧。一連串的吃喝玩樂祕笈，讓我看了也有股衝動，想飛去參加熱情的嘉年華會。

我非常推薦這本書，因為如欣本人就像個充滿好奇心的調皮導遊，能夠發掘每個她曾駐足遊歷的城市特色，同時也因為她將這幾年來的巴西戲劇與在地文化研究成果，融入其中，讓國人能透過此書，輕鬆認識遙遠巴西的文化與藝術。

推薦序

打開巴西新視界

暢銷書作家、演說家　戴晨志

如欣是我從小看到大的小女生，小時候就像個小男生似的，精力充沛，放了學，騎著腳踏車就四處跑，對什麼都充滿好奇心。她出生在新聞世家，父母都在《中國時報》服務，所以，自小學開始，她就自己練習寫新聞稿。她的文字流暢、易讀，又帶有她一貫、特殊的詼諧。

後來，如欣嫁到遙遠的巴西，是我們這些長輩始料未及的，也嚇了我一大跳。我熱愛旅遊，也跑過三十幾個國家；但一想到單程的飛機，一趟至少要飛行二、三十個小時到巴西，還是有些怯步。

如欣一直是個很獨立的女生，年紀輕輕，卻跑過許多重大新聞案件，也為了自我理想，隻身赴美就學。返台後，每逢工作空檔，總是買了機票說走就走，一個人前往世界各地，感受不同的異國文化。但，沒想到，她最後竟為了一個男生，而落腳在地球的另一端——巴西。

台灣本來就鮮少有南美的旅遊相關資訊，更遑論全中南美唯一講葡萄牙語的巴西了。

在這本書裡，如欣以旅遊記者的身分，挖掘了巴西兩大城市——聖保羅和里約熱內盧好吃又好玩的地方，讓讀者在前往巴西旅遊時，即使不會葡語，也能吃得道地、玩得盡興。

同時，如欣也以自己身為「進口新娘」的新移民角度，觀察剖析巴西的當地文化；她的個人經驗與敏銳觀察，使文章讀起來更為生動、有趣。

最特別的是，她結合了本身的藝術專業，以淺顯易懂的文字，將獨樹一格的巴西嘉年華、足球、本土文學與藝術，甚至於她一向關注的社區服務議題，不著痕跡地帶進讀者閱讀的生命中。

我極力推薦這本好書，不僅因為它擁有台灣難得一見的巴西旅遊資訊，也因為這本書，呈現出一般觀光客看不到的在地文化；透過如欣風趣的文字與細心觀察，我們發現——喔，原來巴西是這樣子啊，有機會，我一定要去旅遊、玩玩！

推薦序

親近巴西，現在正是時候

巴西台北商務辦事處主任　Fábio G. Franco

初識謝如欣博士時，我訝異於她對巴西的熱忱；她的博士研究領域更是許多巴西人不熟悉的巴西作家波瓦名著《被壓迫者劇場》，讓我印象非常深刻。

秉持著對巴西的熱情和旅遊熱忱，結合聖保羅特派記者的工作經歷，使謝如欣對於我們的國家又多了一層個人經驗。

有別於旅遊書作家的客觀角度及拘泥小節的風格，謝如欣以（自己戲稱）「台灣進口閒妻」的身分在巴西居住並工作多年，在書中幽默風趣地提供了對巴西獨到的見解。

本書以巴西兩大城市為主：聖保羅及里約熱內盧。打算前往參觀二〇一六年里約奧運盛會，卻無法耗費太大精力閱讀巴西相關旅遊手冊的人，謝如欣的《跟著閒妻遊巴西》會讓你對巴西有更親近的認識。

接受她的邀請，暢遊巴西！

她撰寫了巴西人熱愛的一切：足球、嘉年華，以及巴西美食，包括吃到飽的巴西窯烤（churrasco）、黑豆燉肉（fejjoada）、巴西燉海鮮（moqueca）、甘蔗酒（cachaça）等等，讀過本書，你才會了解。

自序

來吧！跟我一起遊巴西

從第一次來巴西做研究開始，我就一直很好奇，為什麼沒有巴西相關的旅遊書，好不容易在二手書店找到一本像地理書的介紹，也是不知幾百年前的翻譯書（沒有幾百年啦，但二、三十年有了）。閒妻單身的時候，每逢寒暑假就會到書店買本旅遊書，說走就走，照著書上的介紹，一個人世界各地趴趴走，只有到巴西時碰到鐵板。結了婚後，發現有同樣疑問的人還真多，來這兒的背包客，手上拿的一定是英文旅遊書，要不然就是辛苦在網上爬文，找些零散的資訊，還是一知半解。尤其新聞總是報憂不報喜，除了足球、嘉年華會和同性戀大遊行外，巴西相關資訊大概只有槍殺、搶劫或貧民窟販毒這類新聞上得了台灣媒體，出遊前自己沒嚇死自己，周遭的人也把你嚇慘了。閒妻自己也是抱著這些未知的恐懼，延後了數年才踏上這片土地。

嫁過來之後，更堅定了我「有一天一定要出一本巴西旅遊書」的決心。其實台灣和巴西一直有很多商業往來，尤其從金磚時期開始，不少大型企業開始將觸角伸往巴西，很多高科技廠商早就在聖保羅駐點，加上愈來愈多的國際商展、賽事在巴西舉辦，特別是聖保羅和里約，一年到頭幾乎每個月都有商展，玩具展、禮品展、機車展、書展，有的沒的辦不停，商展旺季時，這裡專職、兼職的中文翻譯根本不夠用。來洽商或短期出差的商務客，除了可能被廠商帶去日本城吃兩天中國餐，每天就是在展場來回，晚上也不敢亂跑，一趟飛個兩、三天過來，什麼都沒看到就回去了，實在可惜。閒妻在臉書上的粉友A就說，幸虧來參展前先問過我，聖保羅天氣多變化，行前聽勸帶了長袖外套和長褲，當誤以為「巴西很熱」的展場同行個個穿著短袖冷吱吱發抖時，她們姐妹倆可是從裡暖到外，心中吶喊著「好里家在」，也靠著我給的重點葡語和購物指南，在這個英文不通的地方吃了很多好吃的，也買了很多雙美美的巴西鞋回家。所以說，中文的巴西旅遊書真的很重要，除了觀光客，商務客更需要呢！

這幾年還多了不少華人新娘，不管是老公突然轉來巴西經商、明明嫁做日本婦卻因日本先生外派而搬到巴西的台灣太太，或是在國外發展異國戀情的對象正是巴西壯漢，因此為愛勇奔南美洲的年輕小女生，大家在來巴西之前，未知的恐懼總是勝過即將開展婚姻新生活的甜蜜。其實巴西沒有想像中的可怕，相反地，很多人都是初來時印象很差，待過一陣子後反而愛上它。

閒妻想著，很多時候，人們正是因為不瞭解而有先入為主的刻板印象，文化差異更是亞洲人在南美洲生活的困境。這本書的目的正是希望以輕鬆的方式帶大家認識巴西文化，雖然閒妻很想一口氣把這些年來的各種有趣、生氣和感動的觀察和大家分享，但以急迫性需求來說，還是決定以旅遊為主。請先學會如何在巴西盡興又安全的玩耍、不會葡語也能順利吃到好東西、買到裝滿兩大箱三十二公斤的行李限制回家，下一步，我們再慢慢聊吧！

Contents

CHAPTER 1

跟著開妻趴趴走

里約

里約

聖保羅

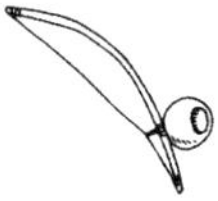

聖保羅

CHAPTER 2

跟著閒妻湊熱鬧

CHAPTER 3

跟著閒妻吃肥買爽

CHAPTER 4

閒妻教你撂葡語

前言

被拐騙的進口新娘

「筷子不要拿那麼遠，以後嫁到大老遠去！」

小時候常常被阿嬤念，拿個筷子拿那麼後面，長大會嫁得離家遠。聽阿嬤這麼一說，閒妻的筷子愈拿愈後面，小小腦袋裡，哪知道世界有多大，想的是有一天能飛到遙遠的國家，探索未知的世界。童話故事裡不是說了嗎？當你出生時，上天已經為你準備了另一個人，在世界的某一個角落等著你，或許，正是在地球的另一端。

也太準了吧？巴西根本要繞地球快一圈才飛得到，而且是南半球，還要轉彎往下走哩！這雙筷子已經習慣拿到尾巴，發現時要往前抓也來不及了。

前進巴西的計畫大概要追溯到閒妻還在美國念書的快樂學生時光。

閒妻的研究主題正是巴西戲劇，本打算假研究之名，行瘋狂玩樂之實，飛往里約熱內盧大跳森巴舞，好好享受年少輕狂，沒想到美國人的錢那麼難拿，獎學金沒申請到，窮苦留學生只好將玩樂計畫作罷。歲月如梭，青春無限的妙齡女子都快成了三十拉警報的阿姨，才終於有機會以學術研究之名（真是個用不膩的好藉口啊）到聖保羅參加研討會，「順便」觀光巴西的兩大城市。

原以為這趟旅程會是第一次、也是最後一次的巴西行，畢竟路途遙遠，物價又高昂，熟料，竟在最後幾天被閒妻夫給盯上，從此陷入慘絕人寰……，不不不，是未知而浪漫的異國人生。

嫁到巴西，似乎是件很不可思議的事。劇場界的朋友覺得很酷，腦海中想像的是熱情的拉丁猛男，但是很抱歉，閒妻夫是個「正港A逮丸狼」（雖然內在是道地巴西魂）。也有人問，去開會認識的，那應該也是個藝術家囉？並不是，單純就是個低調的上班族。那也太不搭調了吧，根本是兩條平行線。沒錯，兩個不同世界的人，跨越一萬多海哩湊在一起，這不正是標準的千里姻緣一線牽嗎？欸，有沒有那麼老土的譬喻？總之，就是一個命啦！

初到聖保羅的晚上，透過一位僑胞阿姨訂到一間貌似很老舊的旅舍，阿姨說，「你一句葡文都不會，住台灣人開的旅館才好溝通。」真是有道理，只是，旅館老闆平時都不在耶，小小門裡就一個大塊頭巴西人看著，他可是一句英文都不會。有拉門的電梯、昏暗的燈光和走廊的深紅色地毯，原來南美洲的旅舍和王家衛《花樣年華》的場景很像，難怪電影配樂走的是拉丁風，我差點以為運氣好到可以住進二〇四六號房了。抱著期待又興奮的心情，鑽進鋪著詭異深紅色毛毯的小床，準備睡個好覺……。媽呀！半夜就被蟲咬醒，鏡子一照，我的右眼已經腫得像長針眼了。對，我確定那不是突如其來的針眼，那個腫包上還有被蟲咬的洞。從行李中掏出自備的海灘巾，把整個頭包得像木乃伊才能入睡，一早起來趕緊在路邊買張電話卡，向出發前朋友介紹的商會秘書求救。

下了課，秘書姐姐接了我在日本城四處找旅館，原來這裡還有很多其他台灣人開的中、大型旅館，櫃檯英文也能通，姐姐說，「晚點等我弟弟工作忙完，可以帶我們去別的區看，他有車比較方便。」過了十點還沒消沒息，姐姐終於撥了電話給弟弟。

「挖幾嘛嘸銀啦（我現在沒空啦）！」

哇，她弟弟好凶喔～連我這頭都聽到他的咆哮聲。

隔天姐姐來電，「晚上和我的弟弟、妹妹一塊吃晚飯吧！」好啊，可是……那個弟弟好像很凶耶，會不會吃到一半發脾氣走人啊？喔，對了，只有他有車，而且他請客。

弟弟話不多，基本上嘰嘰喳喳的我和他沒什麼交集，澳美客的燈光很昏暗（話說為何到了巴西還在吃澳美客？），根本也沒正眼看他，到結帳時才向他說了聲謝謝。沒想到還有第二攤，車子直接開去全聖保羅搞不好就僅此一家的二十四小時咖啡廳，這下燈光可亮了，雖然還是和他沒什麼互動，但總覺得旁邊傳來很熾熱的目光，不小心轉過頭去，我的媽呀，你是青少年遇上初戀對象嗎？目不轉睛，還臉紅哩！那種眼神，我只在青春期的國中生臉上見過，和你前一晚的暴走形象也差太多了吧！

然後就不知為何，每晚都被接去一起吃飯、喝酒。研討會結束後的幾天空檔，這位仁兄還特地向公司請了兩天假，帶我們去觀光和採購。欸，那個，他不是很忙嗎？臨上飛機前，突然靠在我的耳邊輕輕的說：「回去之後，我會向我姐要你的MSN，我們保持連絡。」咦～這位先生有事嗎？直接跟你姐拿我的MSN，是沒打算徵求我的同意就是了？而且，你剛才是趁機偷親了我嗎？對，他就是後來的閒妻夫。唉，怎麼這麼好拐啊？被人家偷親一口就賠上一輩子。

三年的寒暑假，短暫往來地球兩端，閒妻夫終於耐不住遠距戀情的折磨，在某個情人節夜晚，帶著閒妻到聖保羅最高樓層的酒吧，趁燈光美、氣氛佳，還有全聖保羅市區華美的夜景下酒之際，把閒妻娶過門這件事給談妥了。注意喔，這可不是正式求婚，沒鮮花，沒戒指，而且出門前閒妻才表明尚無婚嫁的意願（單身多自由又開心啊～）。誰知魔高一丈的閒妻夫，竟在酒過三巡後，來個絕地大反攻，不勝酒力的閒妻一陣迷糊點頭後，隔天一早，酒還沒醒，就被抓到公證所公證，連充當見證人的朋友都已等在門口，他根本早就算計好了。

糊里糊塗成了人妻的一刻，臨時被叫來當見證人的閒妻夫朋友甲，給予熱情的祝福，「恭喜恭喜，我太太跟你一樣也是進口的。」蝦密？進口什麼碗糕啊？原來巴西人的觀念和個性都與東方人大不同，除了移民巴西百年以上的日本人已幾乎同化為巴西人之外，第一代、第二代的亞洲移民，多半返鄉萬里尋妻，或是把握機會在世界各地認識同鄉的好姑娘。朋友甲的太太是智利籍華僑，以翻譯身分帶團來巴西時被朋友甲擄獲；朋友乙的太太是台灣某民俗雜技團來巴西宣慰僑胞的表演團員，跳完舞也被留了下來；韓國朋友丙更神奇了，太太雖是韓國人，又在巴西生活到十二歲才移民加拿大，卻不太會說韓文，也不太會說葡文，朋友丙的英文雖然破得要命，卻在成年後千里迢迢飛往多倫多，探視這位十年沒見的小學同學，花了幾年待在老丈人家打好關係，好不容易才把人家女兒打包帶回巴西相夫教子。

因為亞洲人大多從事進出口批發貿易，加上辦理配偶居留身分的程序費時費力，文件往返的繁瑣程度不輸貨櫃報關，所以也就戲稱太太是辛苦進口來的，就連太太們彼此初次見面時，也都會互問：「你也是進口的嗎？」同為進口新娘，似乎特別有親切感，大家在異鄉生活都不容易啊！

身為典型宅男代表的閒妻夫，當然沒那股衝勁出海尋愛，所幸他自小運氣特佳，連找老婆都不用花力氣，有個傻妞自動飄洋過海送上門，看準獵物，咬住不放，從此過著茶來伸手、飯來張口的大爺生活，而傻妞也就認命的展開雞同鴨講的異鄉奮鬥生涯啦！

CHAPTER 1

跟著閒妻趴趴走

暢遊巴西很簡單

「你去巴西要小心喔！什麼？這不是你第一次去囉？去那裡還習慣嗎？他們有捷運嗎？平常有公車坐，還是騎腳踏車？」

「欸，有捷運啦，聖保羅比台北更早就有捷運系統了……」

「是喔？那裡不是很落後嗎？」

哎呀，人家聖保羅的捷運在我出生前就蓋好了，咱們台北捷運興建時的交通黑暗期，要到我中學時代才開始呢（糟，洩漏年齡了）！

不用懷疑，這是閒妻當年準備到聖保羅學葡文而向旅行社阿姨取機票時的對話。世界之大，連旅行社阿姨都搞不清楚遠在地球另一端的巴西，也難怪周遭朋友聽說我要休學一年到巴西，都覺得我勇氣可佳。難不成大家都把巴西當作蠻荒之地嗎？其實在巴西趴趴走很簡單，以聖保羅和里約兩大城市來說，大眾運輸系統很方便，捷運、公車、鐵路或計程車，甚至現在流行的Uber也是隨叫隨到，近幾年還推出空中巴士，歡迎大家包月租直昇機上下班，避開兩大城市尖峰時間可怕的交通阻塞呢！

聖保羅和里約的塞車狀況是世界有名的，但有趣的是，大家還是一窩蜂的買車，而且中產以上家庭每戶至少兩、三台。聖保羅市政府為了紓緩交通壅塞現象，有個「猴雞數」（Rodizio）的規定，就是這些愛開車的猴仔、雞仔們，好好注意今兒個車牌尾數多少，每週某一天的早上七點到下午十點，還有下午五點到八點的尖峰時間，就給我乖乖把車停好，不准在街上走動，否則吃了罰單還得扣交通點數（閒妻夫以前就貢獻了不少）。現在知道為什麼家家戶戶至少要兩台車了吧！交錯日子開出門，政府德政果然既不治標也不治本，重點大概在振興經濟吧。

好啦，不是真的說開車族是猴仔、雞仔啦，只是發音一樣，這樣不是好記多了嗎？「猴雞數」的葡文意思是「旋轉」，也就是說，大家輪著不開車，減輕路上車流量的負擔，這個字的用法據說是源自於迴轉壽司，象徵食物一直轉過來，所以巴西很多吃到飽的餐廳，不管是巴西窯烤或披薩店，都

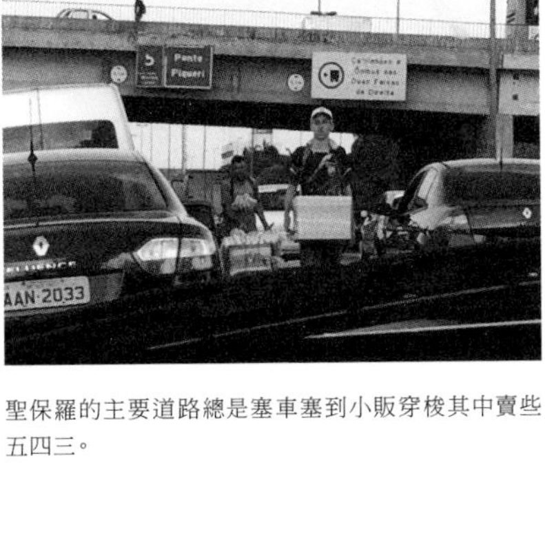

聖保羅的主要道路總是塞車塞到小販穿梭其中賣些五四三。

會標明猴雞數，代表食物源源不絕的來，轉換成中文的字面意思就是：各位猴仔，管你要吃雞、吃什麼數不清的食物，一口價，包你吃到撐。

總之呢，既然規定了猴雞數也沒用，那就來個殺手鐧，乾脆所有主要道路，包括高速公路、快速道、僅有兩條線的單行道，全都劃出一條公車專用道，一般市區道路甚至加開腳踏車專用道，讓你們這些錢太多愛買車的傢伙每天塞到爆，從原先的一小時塞到三小時。相對地，坐公車的「捧油」，就可以對著旁邊氣到不斷按喇叭的駕駛們，揮手奔馳而過。最厲害的是充滿生意頭腦的小老百姓，乾脆趁塞車時間跑到大馬路中間，賣起零嘴、飲料，駕駛們停停走走，也難怪愈來愈塞車。

縱橫兩大城區的便利夥伴——捷運（地鐵）

作為南半球第一大城市的聖保羅，人口比全台灣還要多，早在一九七四年就開始使用捷運系統「沒得漏」（Metrô），至今有藍（Azul）、綠（Verde）、紅（Vermelha）、黃（Amarela）、紫（Lilías）五條主要路線，分別與另外八條聖保羅都市圈鐵路（CPTM）交錯，直通較偏遠的新興商業區及近郊城市，在站內即可換車，不需另外買票。原則上藍線、綠線和黃線都是上班族密集的路線，平時搭乘還滿安全

到捷運售票口一口氣買它個十張單程票，從熱門的大站上車時，就省去大排長龍買票的麻煩了（左圖）。待得久的話，買張悠遊卡也不錯，可享有轉乘公車三小時免費的優惠（右圖為月票和加值機）。

的，紅線和幾條連接的鐵路比較長，尾站與郊區的大型貧民區相近，搭乘的乘客較複雜，小心點即可。

公車和捷運在世界各國都是密不可分的，有了捷運當然坐捷運，不塞車又舒服，但沒有捷運或鐵路的地方就只能轉乘公車了，如果有買悠遊卡「比利A起．烏尼口」（Bilhete Único）的話，不管是捷運或鐵路，轉乘公車都是有折扣的，三小時之內轉三班車均一價，要是三小時內僅搭乘三班公車，不含捷運或鐵路，只需付一段車票。這也算是作為社會主義國家的一項福利吧，一般底層勞工多住在偏遠鄉里，需換搭多班公車才能到市區上班，一票到底，一個月下來省了不少交通費。觀光客若不常使用，還是建議買單張的「伍你塌里歐」（Unitário），畢竟悠遊卡還是有期限的，從儲值當日算起的期限一到，錢就被政府黑走了。閒妻放膽開車後就不常坐捷運，偶爾搭乘竟顯示卡內餘額不足，才發現被黑了不少錢。

之前有朋友來玩幾天，閒妻就教他們到捷運站的售票口（Bilheteria Blindada）先買個十張單程票，因為一不小心碰上尖峰時間，那售票口可是大排長龍，有得等的，手上有票就能輕鬆自在趕車去啦。該怎麼買票呢？當然就是舉起萬能的雙手比個十，再加一句「伍你塌里歐」，就行啦！為什麼呢？因為巴西人自己「三」跟「十」傻傻分不清楚，你就算講得再清楚的dez（十），他們還是會拿três（三）張票給你，還不如用比的快些（我已經試八百遍了，相信我）。

在捷運沿線像巴哈．敷打（Barra Funda）、賈把瓜拉（Jabaquara）、貝希尼（Berrini）等大站，都有大型巴士轉運站，可搭乘公路大巴到里約熱內盧等其他各大城市。

里約的捷運雖然只有綠、橘兩條線，但其實也夠了，捷運沒到的重要景點多半有接駁車，主要的市區觀光點和各大知名海灘都到得了（到不了的絕美海岸線，當然就是不想被觀光客污染的私房景點，哈哈～）。原則上，捷運票分為預付卡（Pré-pago）和單程票伍你塌里歐，接藍色地表線（Metrô na superfície）的高級遊覽車可以買另一張專用票，其實價錢和捷運單程票一樣，只是它有設定捷運接大巴的兩段票，可刷兩次。去植物園就得買這個票，閒妻和同在劇團駐村研究的紐約大學（New York University）同學約在捷運博塔弗戈（Botafogo）站內集合，聰明如閒妻，當然早早查好行車路線和票價，買了同價的接駁票，一起出站走到後街的巴士站，同張卡片輕鬆上車嗶嗶過關，黑妞同學卻被擋在車下，原來她只買了單程票，只好多花一張票錢。其他還有當地人比較需要的偏遠接駁快捷巴士紫線和黃線，要在特定捷運站才買得到接駁套票，價錢另計。

帶著冒險的心上路——公車

巴西的公車站牌不像台灣那麼方便，每一站都有公車路線表，大的公車亭有貼號碼就不錯了，一般路邊只有很像龍貓公車的站牌，只寫了當地站名，看到一堆人在一根貼有小圓板子的棍子旁排排站，別以為他們是盲目亂排，他們還真知道每條公車的路線，隨便問個排隊路人你的目的地，他還會告訴你排錯了，應該要去下面兩條街的某個路口。等到公車來了，才看到車身上簡單列了幾個大站的地名，看要去的地點是否在列表上的某一區附近，有的話上車就對了。

里約因為已經是觀光區了，在遊客中心取得的旅遊資訊手冊上會附有公車列表，將幾個重要的海灘、市區觀光景點的公車號碼列出，先查好出發地及目的地的公車，在路上看到熟悉的號碼招了就先上，然後對著司機喊著「科帕卡巴那」（Copacabana）、「馬拉卡納」（Maracanã）等要去的地名，若司機大哥點點頭，就可以投錢到後面坐好，到了站，好心的司機大哥會對你大叫，以免你坐過站。對觀光客搞不清楚狀況的樣子，他們很習慣了。

短程旅遊好幫手——計程車

在巴西招計程車很方便，走在路上隨手一攔即可，但在交通流量大的馬路上可不行，不管是市區或郊區，每隔一小段路就會有個計程車招呼站（Ponto de Taxi），有遮風擋雨的屋頂，有小椅子可以坐下等候，通常會有計程車早早就排在站點，即使沒車，坐著等會兒，眼尖的司機大哥就會飛奔過來，再不然，招呼站上會張貼叫車電話，打個電話呼叫，幾分鐘內車就來了。最主要是價格不高又安全，對短程跑景點的觀光客來說是很好的選擇。在巴西，會去開計程車的多半是樂意工作的人，不會把你拐到山上搶劫棄屍的，而且司機大哥們超多話，要是會點葡文，他們跟你可會聊個沒完的。記得初到里約時，帶著會葡文的學生當保鑣，搭車途中，學生下車詢問確實地點，百無聊賴的司機大哥看著後照鏡的我，問了句：「你會說葡文嗎？」（Fala português?）嘿嘿，這句我懂，很高興的用我的破爛西班牙文回他：「不會，但我會點西文。」馬上招來一陣白眼，就不理我了。閒妻心想，幹嘛這樣凶巴巴，兩種語言不是很像嗎？巴西人好難相處喔（其實人家才覺得我白目吧，明明問你會不會葡文，硬要跟我說西文，聽嘸啦，這裡是巴西，又不是智利、阿根廷）。會了點葡文後，發現他們真的很愛找人聊天，只要回他一句，他自己就可以聊完整趟路程。上回帶著閒妻媽大採購，在聖保羅名店街遇上個司機更厲害，才講完目的地，他居然

比起市區（右圖）單調無趣的計程車招呼站，聖保羅近郊小鎮的計程車招呼站可愛多了。充滿設計感的木雕候車亭，讓枯燥無味的等車時間活潑了起來。

問我是不是台灣人？哇勒，外國口音這麼多種，這樣你也聽得出來？原來他開計程車之前是在進口公司幫台灣老闆做事，這幾年經濟不好，進出口事業蕭條，他才改開計程車，所以聽到台灣口音特別親切。

巴西交通安全兩大原則

原則一：切勿亂入貧民區

基本上大眾運輸工具都挺方便又安全的，尤其里約、聖保羅兩大城市的塞車狀況是世界有名，真的不用租車，捷運加計程車就很好逛了。如果要到城市的近郊上山下海，一般在國內外機場都有租車公司的點。閒妻和閒妻夫去外州玩時，多半會搭國內線班機，然後在機場直接租車四處跑，通常機場一出關就有一排租車公司，可以多方比價再租。外地人要特別注意的是，不要盲目跟著導航系統走，最好設定以大馬路或高速公路的路線為主，否則一不小心轉進貧民區的山裡，出不出得來就要看你平時善事做得夠不夠多了。

幾年前咱小夫妻去聖保羅郊外玩耍時，忘了走到哪迷了路，貌似轉進了某貧民區的入口處，閒妻夫神色緊張，好不容易看到一間加油站，趕緊繞去問路。加油小弟一看到兩個亞洲面孔，連他也緊張了，直問我們怎麼會跑到那裡，給我們指了路，叫我們快走，我才反應過來，哎喲，原來剛才有小小的陷入險境啊！好啦，我的錯，是我這白目外國人照著導航亂指路，才讓先前很少外出的閒妻夫跟著走到慌，怪不得我在指路時他一直不聽指揮，要繞遠路往高速公路走，搞得我都快開罵，怎麼愈走愈遠，回不了家了啦！原來是安全考量啊，不好意思啦～

原則二：切勿貪便宜上「賊車」

里約有種小巴千萬不能搭。公營的捷運、公車在市區跑的都還算安全，但路上常會看到小廂型車在跑，上面掛著牌子表明到某些定點，隨意的路口都可能有人在上下車，車門口還會掛兩個黑人，看到觀光客就招手，叫你搭他的車上山，不但價格便宜，還給你當導遊，只是上了車後的終點站可能不是耶穌山，而是直接找耶穌。有回帶難得來巴西玩的閒妻爸媽到里約新興的海灘「奇朱卡的巴哈」（Barra de Tijuca）度假，早晨閒妻爸沿著海岸線慢跑，在路口竟被小巴上的人搭訕，一直叫他上車去看風景。遠在幾百公尺外的閒妻看到快嚇死了，畢竟之前看了很多貧民區電影節的短片，都有提到這類小巴通常是由貧民區裡的幫派經營，若是貪小便宜被拐上了賊車，就真的叫天天不應了，其他乘客可沒膽救你的。所幸老爸和小巴還有點距離，跟他們揮揮手拒絕，小巴看到我們追上，也不敢下車拉人，疾駛而去。閒妻急得不得了，閒妻爸竟老神在在，「沒事啦，昨天早上他們也跟我招過手，知道我不會去的啦！」什麼？昨天已經遇上一次了，而且，你確定是同一批人嗎？

除此之外，大眾運輸系統還是很安全又方便的啦，請大家一起節能減碳愛地球囉！至於票價部分嘛，通貨膨脹超高的巴西，時常在漲價，但是民眾街頭抗議一下，可能又會降價，確實的票價還是建議大家行前上官網查詢，或者直接到票口看告示板，雖然看來比起台北的捷運、公車要貴了點，但它可是一票到底不分段的喔。

公共交通工具 小貼士

聖保羅捷運網站

網址 / www.metro.sp.gov.br（有英文介面）
提供公共運輸連接圖及所有相關資訊，也可手機下載metro sp的免費APP，搜尋捷運交通資訊。

里約捷運網站

網址 / www.metrorio.com.br（有英文介面）
這個網站甚至幫觀光客列出重要景點，如麵包山、耶穌山、馬拉卡納體育館等交通轉乘方式，以及門票等旅遊資訊，亦有各個捷運站附近的觀光景點介紹，也有免費的手機APP（MetroRio-official Rio Subway）可下載。

聖保羅瓜魯柳斯國際機場（GRU）往市區交通

網址 / www.airportbusservice.com.br
機場巴士有五條直達市中心的路線，包括Tietê、Praça da República、Av. Paulista、Brooklin Novo、Barra Funda和國內機場Congonhas（CGH）。詳細票價及路線圖可上網查詢。如果搭乘的是巴西本地的天馬航空（TAM），通常出示登機證可免費轉乘至國內機場。

里約熱內盧加利昂國際機場（GIG）往市區交通

網址 / www.aeroportogaleao.net
機場巴士只有到兩條線四班車，一是新興的高級住宅區奇朱卡的巴哈，另一是位於市區的國內機場（SDU）。由國內機場往市中心搭乘計程車只需五分鐘，若無行李，步行也不失為一項好運動。

國內線機票網站

最好要早訂，三個月前訂或是特價期間訂，和一週前訂的價差很大，可以差到好幾倍，例如聖保羅到里約，閒妻訂過來回含稅R$160，比搭七小時的大巴士還便宜（巴士來回約R$180～400左右），一週前才訂機票的話，貴到快R$2000都有可能。一般國內線有天馬航空（TAM）、高爾航空（GOL）、藍色巴西航空（AZUL），目前僅天馬的國內線有提供小點心。

天馬航空訂票官網 / www.tam.com.br
高爾航空訂票官網 / www.voegol.com.br
藍色巴西訂票官網 / www.voeazul.com.br

你一定要知道的安全問題——巴西防搶招數大解密

還記得巴西電影《無法無天》（*Cidade de Deus*）里約貧民窟的黑道槍戰場面嗎？不用懷疑，那都是真的。什麼？那巴西還能去嗎？去不得啊！不要那麼緊張，出外旅遊哪一個國家不危險？凡事小心注意，再加上閒妻的防搶招數，不僅在巴西能夠存活，到哪一國都沒問題！

在美國念書時，閒妻就很想到巴西採訪研究主題的導演波瓦（Augusto Bool），順道參加嘉年華，閒妻姐姐可緊張了，那麼危險的地方，一個小女生跑去，出了事還得了？倒是指導教授很鼓勵我，他說，紐約、舊金山都去過了，其他地方也沒什麼好怕的吧！想想也是，舊金山沒事就一堆瘋子在路上叫囂，紐約街上車子剛停好，轉個身就可能發現後車廂已被撬開，一個人在西班牙還算安全的城市塞維亞（Seville）散步，掛在脖子上正在聽的ＭＰ３，莫名其妙就有隻手伸過來搶看看（什麼年代啊？ＭＰ３！又洩漏年紀了），有哪裡是真正安全的呢？難不成天天待家裡睡覺嗎？那可不行，錯過了世界的風景，人生還有何意義呢？

雖說如此，第一次到巴西參加學術研討會時，還是緊張得不得了，千叮萬囑正在巴西出差的在職專班學生，一定要準時在機場出境處等我，因為看了很多五四三的旅遊資訊，聽說巴西搶得很凶，就連機場也不安全。到了以後，其實覺得還好，甚至想住遠一點，再搭捷運去開會，問了本地的僑胞朋友，他竟笑笑的回我：「坐計程車吧，安全，安全。」這幾年為了二〇一四年世足賽及二〇一六年的奧運，巴西政府強力掃盪黑幫，治安改善不少，其實，只要避開危險地方，別做些很白目的觀光客行徑，巴西真的很好玩，尤其在有國際賽事的期間，警力比平時至少多三倍，要求救也容易得多。

聖保羅跟里約這兩大城市的居民很有趣，他們彼此覺得對方的城市很危險。閒妻為了做田野調查，隻身到里約的劇團一整個月，臨行前，聖保羅的朋友們都覺得不可思議，閒妻夫甚至還恐嚇我，「以前我們去里約海邊跨年，一出旅館就看到大批人馬從山上貧民窟衝下來海邊搶，在街上、在沙灘的人全被搶了，我們一票男生才踏出旅館就馬上鑽回去，你還敢自己去？」啊哈，原來如此，怪不得我第一次來巴西時，他姐姐聽說我跑去里約採訪幾天，拿著我ＭＳＮ的照片給他看，問他要不要飛去里約保護這個小女生，他居然回他姐，「這女的瘋了，竟敢自己跑去里約，長再可愛我也不理她，等她能活著回來聖保羅再說吧！」結果，活著回來被他見到就黏著不放啦！

好啦，我其實也很沒膽啦，趕緊找了朋友介紹里約中華會館的理事長美琪姐照應，最後被好心的林媽媽收留，才安心的帶著所有錄影器材上路。因為住得遠，每天往來劇團都得搭公車或捷運，大約四十分鐘的車程，雖然團練結束後都已快十點、十一點，除了往公車站牌的路上要特別小心踩到流浪漢，倒也還好。閒妻夫特地買給我的警用電擊手電筒，一次也沒用上（話說，他是怎麼買到這種產物的？）。反倒是中午和劇團朋友吃飯時，他們都說：「你們聖保羅好危險喔，那裡的人都是瘋子，我才不敢去哩！」哇勒，到底哪裡比較危險啊？真是「龜笑鱉無尾」，根本是大家對彼此的區域不熟的緣故吧。

夜間避開危險地帶

第一次到巴西時，在里約的第一個晚上就被嚇個半死。搭了七小時巴士的我們，在知名的中央車站下車，還沒機會拍照，就感覺到周遭投來奇異的眼神，決定趕緊搭計程車到市中心預訂好的旅館。辦完入住手續，正想出門吃晚飯，才踏出大門，就看到一群迎面而來的青少年在大吼大叫，馬上轉身回旅館附設的餐廳用餐，貴一點就算了。這時才想起多年前媒體友人介紹過一位聖保羅台商會的秘書（就是閒妻夫的姐姐啦，當時不認識老公，因為他還在觀望我這傻丫頭能不能活著回去啊），她線上聽說我已到里約，深感不可思議，給了我幾個里約台商的電話，隔天趕緊聯絡，透過當地華人旅行社安排，才換到觀光區科帕卡巴那海邊的旅館，過了幾天歡樂又平靜的海邊假期。

原來巴西的市中心是住不得的，不管是里約或聖保羅，市中心通常都比較亂，白天人來人往還好，到了晚上店家全關，就剩下流浪漢和醉漢，觀光客不宜逗留。以里約來說，市中心（Centro）周遭的區、嘉年華會場（Sambódromo）和捷運線北邊的剛波亞（Gamboa）、薩務吉（Saúde）一帶，晚上人煙稀少，不宜久留。建議白天跑完市區觀光行程，夜生活還是留在海邊警力較多的地方較安全。住宿盡量安排在海邊的觀光區，像科帕卡巴那、伊帕內瑪（Ipanema）等較多警察巡邏的地方。之前還有朋友在網上找了在小貧民窟的民宿，問我住那裡安不安全？都擺明是貧民窟了，你還問安不安全⁉老娘都快發火了。老師跟你說不要靠近貧民窟，到底有沒有在聽？咳咳，總之，自己小心點總是好的。

聖保羅的市中心（Centro）、共和區（Repúblico）、韓國街的棒黑奇羅（Bom Retiro），還有自由區的日本城利貝大吉（Liberdade）等，都是過了七點商店就紛紛打烊，但亞洲餐館都在後述這兩個區怎麼辦呢？如果你非吃不可，那就吃完飯就走，別往暗巷鑽。觀光客一般住在花園區（Jardim）一帶，可兼顧安全與旅遊交通方便。如果一定要講國語麻Ａ通，又想隨時吃東方菜的話，還是可以選擇住日本城，但晚上用餐後就回旅館，千萬別亂跑，或者住隔一區的天堂區（Paraíso）也行，搭捷運兩站就到了。其他沒有觀光景點的地方，晚上要盡量避開。

把握國際賽事或節慶來玩耍

在里約的一整個月，我覺得里約比聖保羅安全多了（ＯＫ，我其實是里約魂），畢竟閒妻在聖保羅被搶過，也看過街頭鬥毆事件，甚至也聽過槍聲連連（運氣也太好，閒妻夫說，他在巴西二十幾年也沒我遇得多），可是在里約倒沒發生過什麼事，公車司機看到我在後面奔跑，會趕緊停下來等我，坐捷運向路人問路，反倒是他們比我緊張，直說：「你一個外國小女生坐捷運要小心啊，尤其是晚上，一定要注意點！」總覺得這些卡里尤卡（Carioca，里約人的代稱）好有人情味，不像部分高傲的保利士達（Paulista，聖保羅人的代稱）有時連鄰居都不相往來。後來才知道，因為那段時間正逢里約主辦世界天主教青年大會，新上任的教皇方濟各專程來訪，里約市內還特地放了幾天假，

有了國際賽事的加持，近年來巴西增加了不少警力。

警力加強至少三倍，路邊的軍警、民警看到觀光客都笑咪咪。閒妻在劇團裡上課上到一半，還聽到廣場傳來香港的青年教徒們高唱著〈明天會更好〉，在外聽到中文歌，真是感動啊！不過呢，這些都是觀光客專享的期間限定福利。閒妻的劇團朋友就說，這段時間派了那麼多的警察，都是用來保護觀光客的，對當地人可是一點也不客氣，看到深膚色的可疑人物就亂抓。雖說對本地人不太好意思，但對外國人的我們來說，確實安全很多，所以二〇一六年八月的奧運是到里約的最佳時刻，其他像每年二、三月的嘉年華會，或是像地球高峰會等，這類有各國領導人要來的重要時刻，有的沒的國際節慶或會議，都很安全的。不用擔心受氣候影響的淡、旺季，以一年四季都很熱的里約熱內盧和北部巴伊亞（Bahia）來說，就算七、八月的冬天，海水都是暖呼呼的，頂多加件長袖，比基尼還是能上場的。至於聖保羅以南，冬天或許涼些，山上可能還會爆冷，但此時可是品嘗瑞士巧克力鍋的好時節呢！

穿著簡單，包包斜背

在非正式場合，一切簡單為要。閒妻在里約的固定裝扮是一條多年前跌倒不小心弄破膝蓋的破洞牛仔褲，配上簡單的T恤、鴨舌帽和太陽眼鏡，再掛個封口的斜背包放筆記本、手機和皮夾等雜物。若是專程去海邊玩耍，比基尼套件上衣和熱褲，褲子口袋塞幾張小額紙鈔和銅板，頂多屁股袋夾張信用卡和駕照就出門了。兩手空空，沒人想搶你，但零錢是一定要帶的，海邊賣冰

沒錯，巴西有許多市集是可以刷卡的，所以防搶祕笈之一：出門別帶太多現金。

淇淋和串烤的小販很多，玩累了還能先買些充飢。走在危險區段，包包斜背是常識，但我常覺得很多巴西人自己很白目，我和哥倫比亞妞在里約的酒吧喝酒時，就眼睜睜地看著街上一名中年阿姨，追著搶走她側背肩包的搶匪邊跑邊尖叫，實在想不透，明知那區那麼危險，怎麼還買側肩包？而且還背在靠馬路那側，擺明方便讓人搶了就跑吧！身上盡量別穿戴貴重首飾，前兩年有個歐巴桑在里約車站附近接受電視台訪問治安問題，邊述說近來治安太差，邊玩弄脖子上的銀鍊子，一個小伙子冷不防衝過去搶了她的鍊子就往馬路上跑，哇勒，正在現場連線採訪耶，全國觀眾都看著他搶完迅速穿過車陣落跑，是很想紅嗎？不過，不用擔心，巴西的搶匪都很識貨，在路邊攤買的便宜貨，他們是看不上眼的，要戴就戴市集買的手工藝品，蒂芬妮（Tiffany）或潘朵拉（Pandora）之類的寶貝，等上高級餐廳時再拿出來吧，聖保羅多的是用得上它們的場合。

● 東張西望，罩子放亮點

不管是走在路上，或是開車停紅綠燈，隨時保持警覺性總是好的。巴西人常說，他們在自己國家只要多注意點就沒事，但出了國總是自恃來自外界公認危險的國家，到哪都不怕，結果被搶、被偷的都是他們。因為在巴西的搶匪、小偷都有一副賊臉，他們稱之為「卡拉．吉．拉得隆」（cara de ladrão），一般來說，就是膚色較深、眼神凶惡的人，不管大人、小孩，很容易看出他們的心思（該說是單純嗎？好像也不是，總之是表裡如一，好的好，壞的壞，一看就知道他想搶你），不像在歐洲國家，西裝筆挺的路人也有可能是小偷、騙子。在路上記得東張西望，和賊人眼睛對上，通常他就換目標了，比較要小心的是小朋友，未成年犯罪，今天進看守所，明天就出來了，別以為給他們錢是同情他們，一放鬆，給盯上就麻煩了。

開車守則與防搶車道

很多移居北美的僑胞回台灣都覺得台北的交通很可怕，車頭進，車尾就能插過去換線，機車鑽來鑽去，過個馬路都得鼓起勇氣，但只要來過聖保羅，肯定會覺得台灣真是充滿人情味的寶島，機車騎士都好和氣。在聖保羅開車，最常遇到的就是莫名其妙被呼嘯而過的機車叫罵，甚至拍打車身，一不小心旁邊的車耳朵還會被機車撞飛後逃逸。剛嫁過來的太太們初上路都會被嚇個半死，閒妻就是其中一個，結果回家向老公訴苦，居然還被冷冷地回了一句：「誰叫你佔了機車的道。」蝦密？我在快車道開得好好的，怎麼說是我的錯哩？原來這裡有個潛規則，最裡面兩線快車道的中間是給機車過的，所以最內線道的車要靠左一點，旁邊那條線的車則要靠右一點，讓出空間給機車大人們，否則就等著被罵粗話吧，而且不管一般道路或是快速道，機車都可以通行。

移居巴西第一年的某個午後，剛拿到本地駕照和身分證，興高采烈的開著車出門採訪，為了躲避快車道的凶狠機車，一路走在最外線，誰料，在停紅燈的片刻，鏘鎯一聲，啊～我被搶了！應該不到五秒的時間，副駕駛座的車窗破了，包包也沒了，只見一個小伙子的身影往反方向跑。飽受驚嚇的我下了車也不敢離開，深怕有同夥等我追去時把我的車也給搶了（年輕的小夫妻當年可是共用一台車，稍晚還得開車去接老公下班呢），經過的路人倒是很平靜的跟我說：「被搶了吧？這條路很危險的，我幫你攔警車去報案吧！」哇勒，原來破窗搶劫在這條街上已是司空見慣。後來和文盲學校的巴西老師聊時才知道（有段時間我去免費開放給巴西大量文盲返校的成人學校練葡文），這些搶匪會在路口等車輛被紅燈的車陣卡住時，沿線物色靠最外線一排的獵物，看準包包放在副駕駛座，又是毫無警戒的女性駕駛，三秒鐘內破窗拿了就跑。閒妻真是欲哭無淚啊，為

別忘了，內線兩車道的中間得讓出空間給機車疾駛喔～

了採訪特地帶了數位相機，因為剛去做指甲，閒妻夫送的結婚禮物手錶正好順手丟進包裡（因此至今我沒有再戴過錶），最重要的是等了半年多才拿到的所有巴西證件，才摸兩天就沒了，這一重辦不僅破財，又得再耗時半年才會下來。雖然當下我想到的只有相機記憶卡裡有我滿滿的比基尼照，要是被歹徒亂貼在網路上，我的名節和美好的海邊回憶……（好啦，我想太多，閒妻夫早就打槍，誰要留你的照片，當然是刪除拿空白記憶卡去賣才划算）。最嘔的是，事後居然被許多僑胞取笑，「怎麼會有人開車把包包放在旁邊？」一直在治安良好的台灣長大的我才想說，「怎麼會有人開車不把包包放旁邊？」原來，對本地人來說，這不過是司空見慣的小搶案，還有，開車時包包一定要藏在腳下，這是常識！有位韓國太太甚至還準備了個破包包，裡頭塞舊報紙，專門給人搶的（媽呀，有必要那麼消極嗎？）。

朋友說，其實巴西的搶匪是能講道理的，有時跟他們理論一番，他們摸摸頭也就走了。閒妻夫小時候遇搶，對方發現他比自己還窮，還從口袋裡掏了幾塊錢出來，讓他坐公車回家。當然，有車開的我是沒得商量的，何況事情發生的那麼快，我根本都來不及和那小子好好聊聊啊！住久後也就見怪不怪，知道哪裡開車要特別注意，哪裡別白目的拿出相機就拍，自然就避掉了許多危險。好在巴西搶匪多半挺有良心的，東西得手就走，至少不會在路上亂砍人，所以生存法則就是除了在高級商業區以外，走在路上包包斜背，眼觀八方，真的遇上了，就花錢消災，別跟他們拉扯。開車族平時盡量不要走最外線道，與前方保持安全距離，遇搶時才能有空間往前踩油門以驚嚇搶匪；路邊遇到小孩敲車窗要錢，最多給糖果，別給錢，相信我，多給幾次，他們的爸媽就再也不讓他們上學了。巴西的公立學校是免費的，供伙食，還會給低收入戶生活津貼，一旦街上要錢的收入比微薄的補助要高又容易，孩子這輩子別想上學了，長大還覺得搶你應該。

綜合上述，其實巴西還滿安全的，咦，沒有嗎？還好啦，至少我被搶一次就學乖了，也是平安過了好幾年。其實到哪旅遊都是小心為妙，說巴西有多危險，但我的許多巴西朋友們倒是在巴西幾十年都沒事，卻常在歐洲旅遊時被偷、被搶，就是因為自以為巴西都夠危險了，還有哪裡好怕的，殊不知悲劇總在疏忽中發生啊！

來里約一定要打卡的地標景點

「你住巴西啊？我知道，就是那個有很大尊耶穌像的地方！」

沒錯，雖然我家和它的距離比富貴角到鵝鑾鼻還要遠得多，但是住在巴西還不知道耶穌山、麵包山這些超級景點的話，可就是「遜腳」了。

耶穌山：展開雙臂擁抱世人的愛

世界七大奇景之一的耶穌山（Cristo Redentor-Corcovado），指的是位於駝背山科爾科瓦多（Corcovado）上的超大基督像（葡文名意指基督救世主），一直以來都被視為巴西的主要象徵地標。閒妻初訪巴西時，就被大家提醒一定要去看耶穌山、基督山，咦，兩個是不一樣的地方嗎？耶穌山、基督山，傻傻分不清，既然指的是同一人，就是同個

在展開雙臂擁抱世人的耶穌跟前（左圖），遙望麵包山與里約海岸線的美景（右圖），大地之愛如暖流般湧入胸懷。喔～對了，可別忘了在這打個卡，到此一遊！

地方啦，比起全名「駝背山上的基督救世主」，前面兩個稱呼怎麼叫都好記些，但稱基督山的話，總覺得讓人聯想到《基督山恩仇記》，還是稱耶穌山好些吧？咦～只有我想太多嗎？

總之，來到里約，一定得登上海拔七百一十公尺的山上，向這座三十公尺高的基督像朝拜一番。閒妻第一次去時是參加一日遊的團，會講好幾國語言的導遊，拉車帶著各國觀光客跑景點，遊覽車坐上山腰，搭了電梯趕緊往上衝（旅遊團每個點都有限時間），偏偏天公不作美，烏雲籠罩，正緊張集合時間快到時，張開雙臂的慈愛耶穌總算從雲層中現身，那一刻，有種莫名的感動與溫暖湧入心房，似乎天主確實聆聽了義人的禱告，展現榮光，以無盡的愛擁抱世人。話不多說，趕緊把握時機轉身拍照，耶！

後來帶閒妻爸媽重遊舊地，有閒妻夫這個葡

語通的陪伴，我們選擇搭小火車（Trem do Corcovado）上山，六十歲以上老人還有優待票（太好了），只要三分之一價錢。小火車鏘鏘鏘搖上山，有種在香港搭纜車上山頂的熟悉感，不騙你，那車真的幾乎一個樣，都是紅通通的，邊開邊喀啦喀啦響，只是這裡看不到半山的豪宅，倒是有國家保護區的自然美景，偶爾還遇得上山裡的猴子和鳥獸們，專程探頭出來觀賞車籠裡表演嬉笑尖叫的人類。上了山，果然是滿坑滿谷的觀光客。那天的亞洲臉孔特別少，閒妻媽居然還被好幾個巴西人要求一同和巨型耶穌合影。心花怒放的老媽當然也展現了巨星般的風采，進了耶穌像下方的天主堂，很大方的買了義賣品Ｋ金墜飾作為奉獻基金。說起來，這小教堂裡的義賣品還算是比較值得下手的紀念品，雖然用手指想也知道肯定是鍍金的，但一方面販售所得是作為維護教堂的基金，另一方面設計也滿獨特的，比起沿路販賣的那一堆在聖保羅批發街也買得到的廉價耶穌像鑰匙圈，顯得別具意義。

麵包山：甜死人不償命的世界最大麵包

閒妻這幾年常到里約聯邦大學（ＵＮＩＲＩＯ）參加政治與教育戲劇方面的學術研討會，每回上課都覺得在這念書的學生真幸福，轉頭往窗外一望，就是麵包山（Pão de

Açucar-Urca）的美景，空氣清新又賞心悅目，比起市區的吵雜與煩躁，在微風輕拂下望著寧靜壯觀的遠山（其實滿近的），思考也會更加活絡吧，難怪這裡的戲劇與舞蹈系特別出色。

漫步在里約聯邦大學充滿藝術氣息的校園裡，感覺自己和莎士比亞走得更近了些，從教室窗口就能望見麵包山的奢侈美景，讓人流連忘返。

烏爾卡（Urca）這一區就像突出里約的一隻爪，面海而獨立的島狀陸地，加上整塊麵包山形成市區的屏障，軍事位置優越，帥氣的海軍和一側成群的觀光客成了強烈對比。搭公車到里約聯邦大學後，往前走些就是麵包山的纜車售票及入口處。以往做觀光客時，總是開了車或被旅遊團放在門口，然後搭纜車上山、下山、走人。來開會後，在本地教授的帶路下，才知道經過入口處的後方有個像軍方所有的平房建物，原來是家自助式秤重付費（por kilo）的餐廳，價格公道，菜色豐富，帥帥海軍和大學師生多來這用午餐，排隊付完帳，還可在門口的小桌子自行取用免費的咖啡或茶清清口。從陽台走道穿過去，竟然是少有人知道的紅海灘（Praia

從麵包山往下俯瞰，港灣景致盡收眼底。

Vermelha），雖然只是個海岸線很短的小灣，但比起擠滿人的科帕卡巴那海灘，真是舒服多了。據說日落時，沙灘會被夕陽染成美麗的橘紅，這麼舒服的地方，叫人真想到里約聯邦大學再念個博士，噢，不，我說說而已，偶爾來走走就好。

和耶穌山一樣，麵包山也是大家的俗稱，它的葡文意思其實是糖麵包。名字的由來不一，最廣為人知的說法是因為葡萄牙人當初將巴西當作製糖的主要殖民地，而這兩座山頭的形狀和甘蔗精製成糖錐的樣子類似，因而命名。閒妻倒不這麼認為，尤其近來巴西的糖都做成方塊磚，反倒是鄉下農場常見的火紅蟻巢穴比較像它的圓錐狀。我猜想，因為紅海灘是第一艘葡萄牙移民船抵達的港口，當葡人看到這兩座圓圓的大小山頭，肯定是航海太久，餓了，就把它們看成兩大塊巨型麵包。為什麼一定是甜麵包，就不能是油蔥或肉鬆的鹹酥口味嗎？關於這點，如果有機會到巴西人家裡作客，飲用他們準備的咖啡就知道了，真是甜死人不償命，還會很熱情的追問你要不要另外再加糖？你就知道他們吃甜吃得有多凶，果然是不能吃苦的民族啊！

纜車會先停第一座小山烏爾卡山丘（Morro da Urca），再往上到更高的麵包山，和耶穌山一樣，能夠俯瞰里約全景，不同的是，位於更高處的耶穌山還多了看這兩座山頭風景的樂趣。不過，這裡可以近看幾個周圍的海灘，以及排滿有錢人海釣俱樂部船隻的港口。

植物園與拉結公園：大自然與優雅的結合

雖說當初是被閒妻夫大小節日都隔海送花（連三八婦女節都送，閒妻全家都想問他，這位先生有事嗎？後來才發現婦女節送花是巴西人的習慣），外加在劇院演出時天天花海攻擊，才被感動的，但除了優雅又帶香氣的美麗花朵以外，舉凡不能吃的草，我都毫無興趣。植物園！對我來說，不就是送人肉血袋給蚊子補身子的蚊類樂園？

但是，位於奇朱卡國家森林公園（Parque Nacional da Tijuca）山下一角的這座植物園（Jardim Botânico）很有名，除了當地原生植物外，還移植了巴西各地的物種在這培育研究，據說很有看頭。再查一下旅遊資訊，那附近竟然有名建築師奧斯卡．尼邁耶（Oscar Niemeyer）的設計建物，還設有波薩諾瓦（Bossa Nova）名音樂家裘賓（Tom Jobim）的紀念公園，好吧，和同學約了在博塔弗戈捷運站會合，就決定來去了。

里約植物園擁有全巴西各物種，壯觀的樹林，別緻的蘭花溫室，走過歐式噴泉，穿越玫瑰園，還是咱們的東方庭園最讓人放鬆。

旅遊手冊寫明了需搭乘捷運到博塔弗戈，再出站到後站轉搭捷運接駁巴士。到了捷運售票亭，平平都是車票，卻有不同顏色的票卡，白卡只能坐一段捷運，藍卡可坐捷運加一段接駁巴士，但價錢一樣，而且藍卡後方還特別註明「植物園」，既然一樣的錢，幹嘛分那麼多，直接統一賣藍卡不就得了？閒妻心裡還想著，誰那麼呆會分開買花兩個錢？和同學約在月台上見面，一同出站找到接駁車，就發現她少了那張藍卡，詑異地被迫補了票。唉，里約市政府也太賊了，專拐這種搞不清楚狀況的外國人。

說也有趣，同學是紐約大學畢業的高材生黑妞，一句葡文也不會，但走在里約的夜裡卻特別安全，於是她為了省錢，受訓期間住到山上的小貧民窟（Favelinha），整個月下來竟安全無虞。因為她的語言不通，所以總是我負責查好路徑和問路，她乖巧自在的跟著四處逛。只是，里約是個對黑人友善、視觀光客為財神、仇視白人的特別城市，每逢我在問路時，人們總是笑咪咪地衝著她回話，臨走前再摸摸她的頭，給她個擁抱，看著她一句都聽不懂的樣子，我這被當作隱形人的翻譯小妹真是好氣又好笑。

這座植物園實在有夠大，咱們公車坐過了站到軋菲亞（Gávea），下車往回走才沒幾分鐘就到了它的另一個出口，一旁就是展覽館。原先想先進去逛完再出來看展覽，沒想到裡頭實在太大了，繞一大圈走到另一頭的出口就懶得走回來，下回路線還是得排好才行，真的太大了。裡頭有日式庭園、歐式花園、玫瑰園，還有蘭花溫室、各項物種的培育專區，我們兩小妞在那人比花嬌四處拍照，累到在唯一的休息區坐下找水喝。美國妞到哪都一定要找含糖飲料的，就算她吃素也不例外。看著休息區內成群的蜜蜂等著在遊客的果汁上採蜜，再看著她捧著果汁大跳驅蜂舞，閒妻決定出走另覓咖啡去。

出口的警衛大哥人超熱情，一聽要找咖啡，強力推薦附近的拉結公園（Parque Lage），他說，那裡浪漫、有氣氛，咖啡又香醇。我們兩個妞要浪漫幹什麼？既然到大街上，就沿線先找裘賓公園（Parque Tom Jobim）和尼邁耶的建築拉勾亞醫院（Hospital da Lagoa）吧。說也奇怪，裘賓公園指標一直出現，卻一陣鬼打牆，怎麼找也找不到，難不成閒妻方向感變差了？真的是要服老。決定放棄，前往有明確地址的醫院，但也怪了，走過來走過去，就是跳過五〇一號，帶著任勞任怨跟著來回走三趟的美國妞，實在不好意思，只好作罷。咦，再往前走了一小段，有個漂亮的公園，進去散散步轉換心情吧。順著綠色植物圍繞著的長長蜿蜒斜坡步道走，上方是像宮殿般的歐式建築，而面向宮殿大門迎來更大的驚喜，映入眼簾的竟是一片被宮殿簷廊圍起的方形大水池，閒妻剎時還以為到了西班牙格拉納達的阿罕布拉宮。將水池四邊圍起的走廊，每一側都有延伸的房間，有放滿現代藝術書籍與資料的小圖書館，有素描和各種平面藝術的展覽，另一側走廊的盡頭則傳來濃濃咖啡香，半條走廊排了一直線充滿書香氣息的咖啡桌椅。我們坐下點了兩杯咖啡，拿起之前在小房間參觀時免費取用的藝術期刊，啜著咖啡，彼此假仙互拍，自以為是來自

順著綠意盎然的斜坡步道走，拉結公園裡宛如歐洲宮殿般的建築映入眼簾。穿過宮門，一閃神，還以為置身於摩爾人的阿罕布拉宮。

歐洲皇室的氣質文青公主。原來這裡正是拉結公園，同時也是視覺藝術學校的所在地，怪不得員工和路人看來都那麼有氣質，各角落坐著三五成群討論書本上畫作的大學生，還有不少人架起畫架在寫生，最重要的，大家講話都輕聲細語，很有禮貌地不去影響其他人（真是太不像巴西人了）。喔~閒妻心想，要是住這附近的話，我一定天天來這裡寫作，那麼我的博士論文可能早幾年就完成了吧（果然還是想太多）！

中華美景：中國皇帝遊巴西？

在巴西的山野鄉林間，常會在路上看到ponto de vista，或是什麼mirante的指標，意思就是觀賞景點，或是有個觀景樓之類的地方。里約市連接一堆山頭的高處美景區（Alto da Boa Vista）就有數不完的觀景處，閒妻要特別介紹的是「中華美景」（Vista Chinesa），為什麼呢？因為我們是華人嘛，超有親切感的。

這個景點居然是由我的銀行經理強力推薦，「凱莉，你去里約一定要繞去中華美景逛逛，那裡除了風景優美，最重要的是有你們亞洲皇室建築式的涼亭，還有貌似皇帝專用的石桌。」所以帶著閒妻爸媽遊里約時，閒妻堅持要繞山路過去一瞧究竟。

都說日本人計畫移民巴西一百多年，為巴西的農業貢獻不少，原來華人到得更早，早在十九世紀初澳門被葡萄牙殖民的時代，一群以廣東話為母語的農業專業人才，就被引進移民至里約的植物園區，協助種茶、種稻米，以及發展國家森林的農業種植與維護技術，因此這整片林地在當時也被稱作「中華之家」（Casa dos Chinas）。二十世紀初，一名建築師受命在該山路一塊擁有寬闊視野的路邊設置賞景的休憩點，便基於這樣的歷史，以中式皇宮為靈感，以竹為主要建材，涼亭採傳統鳳簷，兩層鳳簷的四角都有龍形守護，並以東方宗教式的塔為頂。涼亭左觀耶穌山，正對麵包山，右看是美麗的科帕卡巴那海岸線，以及巍巍的山景。

如此美景，閒妻和閒妻爸早已自行上演格格侍候萬歲爺上山避暑的橋段，這會兒邊賞景邊唱段〈蘇三起解〉給聖上在涼亭下解悶，那會兒再來段黃梅調漫步到山間小徑，突然聽到咱們的皇后娘娘像發現寶藏似地高分貝叫喊，「ㄚ頭，快帶老爸過來看，這兒還有塊皇帝用的野餐桌！」唷，老媽的效率超高，早拉著導遊女婿四處探索，問東問西，這會兒還被她發現最愛的石頭類產物，怎不急著把還在演宮廷劇的父女倆叫回現實。一旁山路的小階梯轉過去就到了另一塊平台，平台上放了張大型石桌，還註明是皇帝之桌（Mesa do Imperador），我們還驚奇地以為真是清朝皇帝送的，果然想太多，不過是象徵給前來觀景的皇族休息使用，所以以皇帝命名。來到里約，不妨抽個下午，開車或搭計程車上山，看看巴西難得的中式樓閣，享受帝王等級的悠閒，將里約美景盡收眼前。

吃喝玩樂小貼士

行程安排建議

除麵包山以外的三個景點都在高處美景區，卻是圍繞好幾片山的高地，除非自行開車前往，否則很難集中在一天跑完。耶穌山和麵包山是必去景點，初次前往的話，跟團是很好的選擇，當地旅館或旅行社都可以訂一日遊行程，含車資、導遊及耶穌山、麵包山門票，還有市區觀光（馬拉卡納球場、塞拉隆階梯、聖薩巴斯提翁主教堂、嘉年華森巴會場等景點門口拍照），外加午餐一頓，導遊還會主動來幫你拍照，免得遊客拖磨耽誤下個行程。

耶穌山（Cristo Redentor-Corcovado）

地址 / Rua Cosme Velho, 513, Cosme Velho, Rio de Janeiro
葡文官網 / parquedatijuca.com.br/corcovado
小火車購票資訊 / www.corcovado.com.br（備英文頁面）
也可在科帕卡巴那（Praça do Lido的遊客中心）的Metrô Largo do Machado購票，搭乘小巴走公路前往，但價差僅約R$3左右，坐小火車還能感受國家公園的大自然美景，建議搭小火車比較有趣。

麵包山（Pão de Açucar-Urca）

地址 / Av. Pasteur, 520, Urca, Rio de Janeiro
網址 / www.bondinho.com.br（備英文頁面）
開放時間 / 上午八點至下午七點五十分。
票價分半程和全程，當然是買全程，否則只能到第一座小山，遙望對面大山。

植物園（Jardim Botânico）

地址 / Rua Jardim Botânico, 1008, Jardim Botânico
網址 / www.jbrj.gov.br
開放時間 / 每週二至週日上午八點至下午五點，週一自中午十二點至下午五點。設有生態博物館（Museu do Meio Ambiente）及湯姆．裘賓展區（Espaço Tom Jobim）。
交通方式 / 自捷運博塔弗戈站搭接駁車，或在路上看到車頭閃著「Jardim Botânico」標示的公車，隨手一招，上車喊「假勁．駁他尼扣」，司機就會比手勢叫你往後坐，最好坐司機後面，沒事東張西望，快到時他就會叫你下車了。

拉結公園（Parque Lage）

地址 / Rua Jardim Botânico, 414, Jardim Botânico, Rio de Janeiro
網址 / www.eavparquelage.org.br
開放時間 / 每日上午八點至下午五點，免費參觀。

拉勾亞醫院（Hospital da Lagoa）

地址 / Rua Jardim Botânico, 501, Jardim Botânico
一九五二年由尼邁耶設計、興建。

中華美景（Vista Chinesa）

地址 / Estrada da Vista Chinesa, 789 - Alto da Boa Vista, Rio de Janeiro
位於奇朱卡森林區、植物園的後山，當初是為了華人種植作物特別開拓的山路，沒有公車可到，僅能開車或搭乘計程車兜風上山。

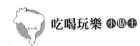

陽光、沙灘、波薩諾瓦——漫遊里約三大名灘

Olha que coisa mais linda（看那多麼美的造物）
Mais cheia de graça（滿溢著恩典）
É ela menina que vem e que passa（正是那位走過來擦身而去的女孩）
Num doce balanço a caminho do mar（邁向海洋的甜蜜搖擺）
Moça do corpo dourado do sol de Ipanema（伊帕內瑪陽光下的金色少女胴體）
O seu balançado é mais que um poema（她的搖擺是那麼地過於詩意）
É a coisa mais linda que eu já vi passar（她是我遇過這世上最美麗的造物）

——謝如欣翻譯

〈伊帕內瑪女孩〉一曲誕生的酒吧，午後坐在街角處來杯生啤酒，是否我也能文思泉湧？

小野麗莎以慵懶歌聲翻唱的〈伊帕內瑪的女孩〉（Garota de Ipanema），或許是許多國人接觸波薩諾瓦音樂的入門曲。兩個典型閒來無事就泡酒吧坐窗口看妞的巴西小痞子，喔，不，是滿懷惆悵的音樂家，莫拉依斯（Vinicius de Moraes）和裘賓，每天下午就聚在伊帕內瑪海邊的小酒館，尋找創作靈感的繆斯。有一天，終於出現一位叫他們難忘的少女，促成了這首享譽國際的成名曲，而其所開創的巴西新音樂波薩諾瓦，更影響了後來風行北美的爵士曲風。

對巴西而言，若說海灘是孕育藝術家之母，一點也不為過，因為大多數的知名音樂家都來自於海邊城市。西班牙導演阿莫多瓦（Pedro Almodóvar Caballero）的電影《悄悄告訴她》（*Hable con ella*）中，由巴西歌手菲羅索（Caetano Veloso）演唱西班牙語〈鴿子歌〉（Cucurrucucu paloma）的那一幕感動了多少人，包括菲羅索、他的巴西天后級歌手姐姐貝塔妮亞（Maria Bethânia）、流行樂女王桑卡蘿（Ivete Sangalo）和球王比利（Pelé）為人津津樂道的大明星前妻樂琪（Claudia Leite），都來自於巴西北部最美麗的海邊城市巴伊亞，後來為了發展演藝事業轉往大城市聖保羅及里約熱內盧，甚至定居於面對和家鄉同一片大海的里約。里約本地土產的藝術家更是不勝枚舉，除了前述兩位幾可被稱為波薩諾瓦生身父母的裘賓和莫拉依斯外，集音樂家、劇作家及作家於一身的布阿爾格（Chico Buarque）、名音樂家龍柏（Edu Lobo），還有以《中央車站》（*Centro do Brasil*）拿下柏林影展影后的蒙特妮格蘿（Fernanda Montenegro）等一線明星，都熱愛這片賦予他們熱情且自由奔放靈魂的海灣。

有回和幾個劇團的巴西朋友偷閒到科帕卡巴那海灘溜達，在通往海邊的巷子裡遇見了一名頂著銀白頭髮、屈著身子的老人，從一棟舊式公寓走出來，緩緩地帶上鐵門，似乎也準備往海邊走。幾個巴西朋友眼睛一亮，其中一個女生鼓起了勇氣，

可以浪漫，也可以狂野。漫步在柔軟細沙的海灘，轉身上岸就是火辣胴體造型的沙雕，對於雕琢身體，卡里尤卡真是一把罩。

小心翼翼地上前向老人打招呼，「您好嗎？身體可健朗？」「很好，謝謝你。」禮貌回覆後，老人繼續他的散步路線，剩下我們幾個崇拜者傻在原地，喔，我沒有傻住，只是感到一堆問號在頭上閃，然後就聽到朋友們開始尖叫，「沒想到會在這裡遇上他，堪稱今日最幸運！」總算有人回過神回答我「他是何方人物」，這會兒換我大嘆可惜，沒能把握機會和他合照。老人居然是巴西很有名的詩人古拉（Ferreira Gullar），曾被提名二〇〇二年的諾貝爾文學獎，也是很積極的左派政治作家，閒妻自己的博士論文裡就不知提過多少次他的名字。原來在里約的海邊，真的很容易遇上文人墨客，據說更常遇到的是足球明星。

里約的沙灘和陽光似乎有種特別的魔力，就連閒妻這樣的宅女，每次到里約就會自動切換為「卡里尤卡」的解放模式，穿上比基尼和大家在豔陽下的海邊又唱又跳，寫起東西來更是文思泉湧，也難怪同樣來自里約的「被壓迫者劇場」創始者波瓦相信：「人人都可以是演員，人生而擁有歌、舞及創作故事的能力。」原來，大海真有解放人們被社會禁錮的身體與心靈的能力。不過，要記得做好防曬，里約夏天的體感溫度可是會飆到攝氏五十度左右，閒妻雖總是避開盛夏的豔陽天前往，每每仍賺得一身黑炭回聖保羅。

科帕卡巴那：熱力四射的森巴風情

沒來過科帕卡巴那（Copacabana），別說你來過里約！它可是巴西最早打響國際名聲的海灘，長達四．一五公里的海岸線，每年夏季都吸引上百萬的觀光客，更是與美國紐約齊名的世界最美跨年夜景點之一。閒妻總是推薦首次到里約玩耍的朋友將旅館訂在這一帶，畢竟已是知名景點多年，警力的安排和外國臉孔的比例比其他區要多，至少減低不少外國臉被搶的風險。

坐在里約海邊的小餐亭，時不時會有小樂團來獻唱。

沿著海岸線散散步，累了就在沙灘步道邊的小吃站坐下，吹著海風，吃盤烤牛排、炸花枝圈（Lula à dore），再喝杯啤酒。有時會遇到幾個抱著大小鼓或吉他的小樂團，對著貌似觀光客的幾桌大跳森巴舞，高歌一番。覺得不錯，想在女友面前充充面子，就賞他們一、二十塊，不想浪費錢，就在開唱前揮揮手叫他們走（這金口一開唱，不打賞就趕不走了）。閒妻第一次遇上時，邊享受當地音樂與海風吹拂，邊跟著舞動，歌曲結束得快，以為拿個五塊錢就能

在人潮擁擠的知名海灘柯帕卡巴那，想找個空隙曬個日光浴還真是不容易，避開豔陽的午後，吹吹海風也挺不錯。

打發，畢竟也才唱那麼兩首，結果對方一開口就要十五、二十，否則三個人不夠分。後來再次前往，當然就學乖了，但是偶爾來一趟，若是旁邊還有熱戀中的女友，比起專程請人到五星級飯店的餐桌旁拉小提琴，倒還算便宜，就是記得別拿出鑽戒求婚，否則接受戒指再上演落跑新娘的，極可能正是方才表演完的壯漢。

海邊大馬路另一邊的巷子裡，不是老式住宅區就是價格較划算的小餐館和店家，看不看得到海，價錢差很大，白天在這些巷弄或後面幾條街覓食，是比較經濟的做法，夜裡還是結伴而行較安全。週末的夜裡，不管是在巷弄或大馬路口的小餐館、酒吧，常有樂手扛起鼓、彈起貝鈴寶（berimbau）就唱了起來，搖滾的森巴舞曲、巴西民謠，吸引往來的路人駐足，買瓶啤酒，叫串烤肉，慢慢人群多到站在馬路邊又唱又跳，似乎嘉年華從來沒停過。

科帕卡巴那海灘旁大馬路上賣藝的小丑，和閒妻比起來誰可愛呢？好啦，他比較可愛無誤（左圖）～飛啦裡有著張大千造型鬍的爺爺，任勞任怨地為閒妻加長腳鍊，還給了個溫暖的擁抱（右圖）。

科帕卡巴那還有個閒妻的最愛，相信也是女性同胞們的必殺行程——什麼有的沒的都買得到的「飛啦」（Feira）。順著海岸線經過科帕卡巴那皇宮飯店（Hotel Copacabana Palace）往上走，會遇到一區搭了好幾排像園遊會的棚子，從紀念T恤、海灘巾、拖鞋、首飾到原住民手工藝雕刻品，什麼都有，本地零嘴小吃更不會少。「市集」的葡文念作「飛啦」，實在很貼切，不管是里約海邊的「飛啦」，或是巴西各地不同社區裡每週一次賣菜、賣小吃的「飛啦」，閒妻沒有一次管得住錢包，總是讓那色彩繽紛的巴幣跟著飛啦！

閒妻媽說，閒妻出生的前一夜，夢裡聽見房門外有鈴噹聲來回徘徊，好似腳繫銀鍊的印度舞孃在跳舞，而且剛出生的閒妻，兩腳踝還有圓圈似的胎記，只是胎記出生沒多久就消失了。不過，這玄奇浪漫的故事聽在閒妻耳裡，腦中浮現的怎是紅孩兒哪吒腳踩火輪、手甩法器發出聲音的畫面？最終，我還是說服自己接受了美豔印度舞孃的說法（喔，閒妻媽並沒有提到美豔兩個字嗎？），於是貌似張大千爺爺的印度風手工首飾攤位一下子就吸引了我的目光，手工扭製的銅線穿上寶藍珠子、貓眼石、帶來愛情的巴西粉紅石（買了粉石耳環回去，果然幾天後在聖保羅被閒妻夫盯上），耳環、手鍊、項鍊一應俱全。遇上奧客閒妻的白鬍爺爺，很認命地幫我將一條條手鍊加長成合適的腳鍊，加長不加價喔！

伊帕內瑪：彷彿少女的純淨浪漫

比起擠滿觀光客的科帕卡巴那，從伊帕內瑪（Ipanema）到累柏隆（Leblon）的海灘，除了乾淨舒服些，還有更濃厚的藝文氣息。週末假日，在沿岸的人行道上，擺設了整排的路邊攤，賣的不是通俗的工廠製紀念品，而是一個個獨特的手工藝。穿著像嬉皮的情侶，將破牛皮板釘上數個自己編織的捕夢網或皮製配件，就逕自坐在旁邊談戀愛，

難怪波瓦說人人都是藝術家，看看伊帕內瑪海灘旁的沙堡，可都是附近山頭貧民窟孩子們每天不一樣的創意呢！

絲毫沒想過向路人推銷。還有現場作畫的鬍渣畫家，除了抽菸和回覆買家問題以外，或許都忘了旁邊那排畫好的畫作是要賣了換生活費的。在這兒擺攤的，與其說是攤販，倒不如說是創作之餘順道販賣夢想的藝術家。或許正是這片海灣的氛圍，孕育出了伊帕內瑪的女孩。

閒妻不免俗的也要去〈伊帕內瑪女孩〉誕生的酒吧朝聖一番。這家和海灘隔了一條街的酒吧就位於熱鬧的街角，兩位大師正是坐在街口的位置，將十字路口往來的所有正妹盡收眼前。這首歌紅了之後，酒吧老闆乾脆將它改名為「伊帕內瑪女孩酒吧」（Bar Garota de Ipanema），酒吧門口正上方掛著大型樂譜，裡頭的佈置也很波薩諾瓦，從中午營業到半夜的酒吧，提供道地的巴西美食，玩水玩累了，過來拍拍照、打打牙祭是相當不錯的選擇。

奇朱卡的巴哈：奧運級的新興貴族海灘

如此舒服又熟悉的街道形式，這是美國還是歐洲嗎？當時還住在聖保羅市中心的閒妻，難得在巴西，還是里約喔，居然看到那麼乾淨又寬敞的街道，寬到能開凱迪拉克加寬加長的禮車上路，沿路沒有垃圾，也沒淹水（對，聖保羅的多數街道可是每逢大雨就淹水），馬路上更沒坑坑洞洞，正中央每隔一段紅綠燈的公車專用道候車亭明亮而安全，叫人想念起過去在加州南灣等候輕軌電車上學的日子。

在海灘周邊住宅漸漸飽和，甚至擠滿愈來愈多的觀光客之後，里約的有錢人一步步從伊帕內瑪搬往累柏隆，最近幾年乾脆跨過國際知名的荷西娘（Rochinha）貧民窟的山頭，開發新興的奇朱卡的巴哈（Barra de Tijuca）海岸線。這裡的沙灘沒有科帕卡巴那和伊帕內瑪沙灘那樣平整的沙地連接馬路，卻因路途遙遠，維持了未被污染的清澈海水及柔軟細沙。有先見之明的有錢人，再也不住到未來可能被觀光客和陸續開設的餐廳、酒吧吵得不得安寧的海邊，建商很聰明的在閒妻先前經過的漂亮街區蓋了不少華廈豪宅，甚至推出贈送海邊度假別墅方案，凡住戶隨時可使用社區在海邊附設的度假屋，有衛浴、游泳池和休息室，還有專人侍候替換浴巾，白天享受陽光、沙灘，晚上回住宅區好好休息。

二〇一六年奧運的四個競賽場區——科帕卡巴那、馬拉卡納、德歐都羅（Deodoro）和巴哈，就屬德歐都羅和巴哈的交通最不方便，沒有捷運可以搭乘，卻也是最主要的場區。這兩個區塊正好在里約市的一北一南，據說是為了促進貧民區發展而選定的市郊，但為了整地蓋奧運會場，趕走了不少原先住在當地違建裡的貧民，有時真不懂執政者在想些什麼。由市區往德歐都羅，必需從捷運馬拉卡納站或聖克里斯多弗站（São Cristovo）換火車。預計奧運前通車的捷運巴哈線跳票了，只能期待二〇一六年之內真的會通車。短期內要前往巴哈，還是得坐快捷巴士，看高爾夫得選紅色的西轉線（BRT-Transoeste），到其他主要場館得坐橘色的卡里尤卡轉線（BRT-Transcarioca）。

從聖保羅開車到里約，如果不塞車的話，其實沿線挺舒服的，厭倦了吵雜人擠人的海灘，不妨自行開車前往寧靜舒適的巴哈海岸線，只是口袋要有點深，這區的臨海住宿價格不菲，連民宿價格都不輸科帕卡巴那的五星級飯店。

觀光客較少的奇朱卡的巴哈海邊特別寧靜、舒適。

吃喝玩樂小貼士

海灘消費小眉角

>通常海邊棚架的小餐館東西較貴，但需要的話，他們會免費幫忙在沙灘上排椅子和遮陽傘桌，舒適地躺在遮陽傘下，海風吹拂，手一招就可叫啤酒、小吃，在巴西的海邊睡午覺真的是一大享受。沙灘上也有拿著烤蝦和冰淇淋叫賣的小販，那蝦真是有夠鹹，有興趣嘗鮮的可以買隻試試，但若躺在餐館為你搭的棚架休息的話，建議離開時再買，免得被侍候你的店家白眼。

>科帕卡巴那和伊帕內瑪的海邊除了來要小費的樂團外，還有刺青畫師會來參一腳。坐在沙灘偷閒時，時常會有拿著一本圖例和一隻不掉色筆的小伙子過來說要畫個刺青送你，喜歡他的手藝，另外加畫才收錢，但通常還是會要小費。運氣好，五塊錢能打發；運氣不好，遇上流氓敲詐就麻煩了。不想畫的話，還是別貪圖「贈送」，直接拒絕較好。

如何前往科帕卡巴那？

從市區到科帕卡巴那搭捷運橘線到Cardeal Arcoverde是海灘的起點處，海岸線很長，下面兩站Siqueira Campos和Cantagalo都還在範圍內，出站後往海邊方向大約四、五個路口就到了，沿路的餐館都比海邊便宜很多。

如何前往伊帕內瑪？

伊帕內瑪的捷運站是橘線的終點General Osório，從這裡開始是伊帕內瑪和累柏隆的海岸線，走到累柏隆就別再往下探險，接下來的整片山頭都是貧民窟。

如何前往奇朱卡的巴哈？

可搭乘快捷巴士，紅色西轉線（BRT-Transoeste）可至奧運高爾夫球場，橘色卡里尤卡轉線（BRT-Transcarioca）則可通往其他場館。

伊帕內瑪女孩酒吧（Bar Garota de Ipanema）

地址 / Rua Vinícius de Moraes, 49 - Ipanema, Rio de Janeiro

營業時間 / 每天中午十二點開到半夜二點。

就在Rua Prudente de Moraes的路口，從海邊直走Rua Vinícius de Moraes一個路口就到了。地址很好記，因為路名正巧就是作詞者莫拉依斯的全名——菲尼西屋斯．得．莫拉依斯。在其他海灘也有分店，但重點是景，不是吃，還是到本店拍照有意義。

徜徉人文之美——里約市中心歷史散步

到巴西玩，里約要待幾天才夠？三天？五天？不！光是市區的古蹟和文化藝術中心，就夠你逛好幾天了。里約啊，待兩、三個禮拜都不嫌多。

雖說住在聖保羅，但每回親朋好友來巴西玩，礙於台灣的假期有限（巴西勞工法規定，同公司做滿一年有一個月的假喔），閒妻總是建議大家到里約多待幾天，畢竟除了海灘、比基尼和耶穌山之外，市區還有很多好看、好吃的，里約，真的玩不膩啊！

這個葡萄牙人最早開始用心建設的沿海城市，皇室曾為逃避拿破崙而跨海遷宮至此，大批的黑奴也在這上岸。它擁有為滿足皇族需求的華美建築，也有混合非洲與印第安風格的音樂與舞蹈，種族的對立與融和，讓市中心以北充滿了歷史的寶藏。雖然太陽一下山就變得有點危險，但隨時有展覽和表演可看、有好吃的葡式點心和非洲裔媽媽現炸的菜豆海鮮餅「阿卡拉借」（acarajé），閒妻還是愛死這裡了。

市中心的範圍，從南到北，大約是從捷運辛尼朗吉阿站（Cinelândia）向上接卡里尤卡站（Carioca），再到烏魯寡依阿那（Uruguaiana），每一站往外延伸都很有看頭，時間安排得當，有機會在一天之內走馬看花逛完，再依當期特展的時間，安排另一天往東邊幾個博物館和文化中心走走。所以說，好好利用這三站捷運，就可以暢遊市中心！

辛尼朗吉阿：漫遊重量級藝術殿堂

趁著劇團放假的日子，閒妻和同期受訓的哥倫比亞妞決定好好探索市中心一番，第一站就是那富麗堂皇的市政歌劇院（Teatro Municipal）。沒想到當天的劇院導覽名額已滿（觀光旺季出來玩耍，一定要記得早早去排隊拿號碼牌啊），鎩羽而歸。隔了幾天，我在排練前提早出門，很幸運的排上第一場導覽，票口小姐跟我要了十塊錢，在門口庭園長椅等候時，我發現那是張半價優惠票耶，唉呀，綁兩個村姑馬尾出門還真省錢，其實我年紀比她大多了，害得我一整天都心花怒放。除非……她以為我是六十歲老人？巴西法令規定，學生和老人做什麼都有半價優惠，有些單位甚至提供孩童、老人及殘障人士免費票。很多國際表演團體來巴西巡演都抱怨，一堆學生和老人依法半價，讓他們少賺很多錢。閒妻倒覺得還好，畢竟他們在巴西的票價也訂得太高，而且到巴西演出的水準時常差很大，不知是不是巴西的比基尼妞和啤酒太誘惑人，好幾次都看到表演者失手，一副前晚沒睡好的樣子。

歌劇院在辛尼朗吉阿站的正前方，捷運站一出來就有個小廣場，有雕像、有長椅，從廣場往歌劇院拍照是最佳角度。大馬路的另一頭是國家美術館（Museu Nacional de Belas Artes）和國家圖書館（Biblioteca Nacional），美術館的館藏相當豐富，從巴西本土到歐洲知名的畫作及雕刻一應俱全，可惜每次經過都看到排隊人潮已把美術館建物繞了一圈，只好作罷。隔壁的國家圖書館可厲害了，已經有兩百多年的歷史，葡萄牙皇室被拿破崙逼到遷宮此地時，就命人帶了六萬多份的書籍、手稿、地圖、郵票及古錢幣等等，在這裡建了皇家圖書室，至今館藏據說已有九百多萬冊書籍。既然是皇家專屬，裡頭的裝潢自然是很有

在古董級的皇家圖書館裡讀書，整個人都多了點古典氣質（左圖）。
一出辛尼朗吉阿捷運站前廣場，映入眼簾的就是華麗的里約市政歌劇院（右圖）。

富麗堂皇的里約市政歌劇院，可是里約市中心的主要地標呢。

皇族派頭，一進門左手邊服務台排隊換證件，即可免費進入參觀，但要輕聲細語，畢竟除了古蹟的身分外，仍是實際在使用的圖書館。

卡里尤卡：穿梭古意街巷，品嘗市井滋味

由歌劇院旁邊斜角的小街道（Av. Treze de Maio）往卡里尤卡站走（不要順著美術館那條大道Av. Rio Branco喔，那邊只有交通雜亂的車輛在互鳴喇叭，兩側店家也只有一堆銀行），過了大馬路，左側是一片小公園，穿過它通往拉帕區（Lapa）方向，可以看到聖薩巴斯提翁主教堂（Catedral Metropolitana de São Sebastião）。小公園裡面有很多像園遊會棚子的小攤販，裡面有賣手編的繩布包包、北部風格的繩裙、洋裝，還有海灘巾等有的沒的。繩布包和繩裙之類的手工品是北部特產，多半在里約以北的城市出產，別緻又便宜。攤販當然還能殺價，閒妻差點就失手買了條迷你白色花裙，真的很性感又可愛，彈性的繩結質感把屁股都變翹了。還好那天沒帶錢，後來發現路上都是十幾歲的青春少女在穿，我這歐巴桑要裝可愛也太超過了。

最不能錯過的是公園門外斜對著捷運站轉角的小吃攤。看到穿著白色花邊洋裝、頂著白包頭的黑媽媽，閒妻就尖叫了，那可是賣北部特產小吃的攤子啊！有阿卡拉借

金碧輝煌的聖藩西斯科懺悔教堂，該付出多少贖罪券，才夠奉獻角落邊的一小塊金箔呢？

和一堆口味特別的花生、椰子糕餅或糖，在聖保羅只有知名餐廳的分店有賣，而且很貴，就連里約，閒妻也只有在這裡和巴哈區的海邊曾看過一攤，巴哈那攤還限量，下午賣完就收工了。哥倫比亞妞被我嚇了一跳，好奇什麼東西需要叫成這樣，於是我們點了一個阿卡拉借和一瓶瓜拉納汽水（Guaraná）坐在路邊分享。阿卡拉借是一種非洲式的巴西北部鹹點，用菜豆粉、洋蔥、鹽調和的麵糊弄成團去炸，現炸出來從中間切個口，夾進事先做好的海鮮餡料發它帕（vatapá）、辛香料皺果莧（caruru）、辣蝦和小扁豆（lentilha），都是超營養的材料，難怪黑媽媽們都很大隻，最重要的是，真的好好味啊～

吃飽有精神再往上走就是卡里尤卡廣場（Largo da Carioca），熱愛民主的巴西人三不五時就會走上街頭遊行，這裡正是里約的主要集合

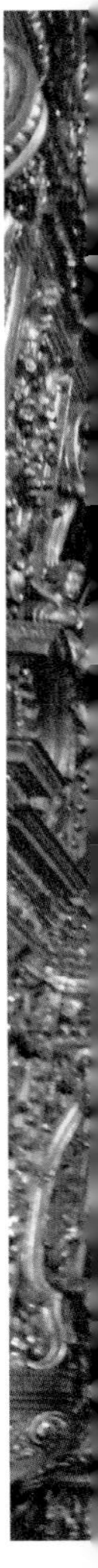

想吃阿拉卡借不用飛去巴伊亞，卡里尤卡站旁小公園裡的市集外頭就有啦～

點，大家把自製的油漆桶和鍋鏟等打擊樂器放下，討論和排練歌舞後，再排好隊形往上方市中心走，像跳嘉年華一樣又唱又跳，里約的街頭運動走的是藝術路線，在警察丟催淚彈之前，都是歡樂而充滿創意的。真的，一旦催淚彈丟出來就代表嘉年華結束了，除了快跑，還要記得把口罩和圍巾等防護用具拿出來。閒妻參加的那次，幸虧天氣冷，圍了圍巾，里約警察驅趕人真是夠狠的，若不是老經驗的劇團朋友趕緊叫我掩住口鼻，差點就吸了毒氣。當然，也不是天天都在遊行抗議啦，一般時候還是有很多街頭藝人在廣場扮成行動雕像，或是演奏些樂器。

廣場左側的山丘下方有個隱藏式電梯，外邊有走道，可以上聖安東尼奧修道院（Convento São Antônio）走走。金碧輝煌的聖藩西斯科懺悔教堂（Igreja de São Francisco da Penitência）就在修道院再往上爬，穿過內門，上面還有個放滿天主教聖器的小小紀念館，山腰處的小咖啡站有個向外延伸的平台，往下看便是卡里尤卡廣場及市中心的全景，走累了，在這休息一下，挺悠閒的。

過個馬路，往烏魯寡依阿那站的整個大區塊，就是市中心的精華了。整區密密麻麻的巷弄，有好吃也有好買的一堆店家，鞋店、服飾店常有些意想不到的特價，在熱鬧的小巷拱薩菲斯．吉阿斯（Rua Gonçalves Dias）上，有提供無線網路的星巴克，但重點不是它，而是在它對面那家有一百多年歷史的葡式咖啡廳——哥倫布咖啡館（Confeitaria

氣派的哥倫布咖啡館，不僅裝潢漂亮，
東西也是好吃得不得了。

de Colombo）。

哥倫布咖啡館之於里約葡萄牙後裔，或許就像西門町明星咖啡廳之於台北文人的記憶，不同的是，這裡豪華許多，畢竟這一帶曾是葡萄牙皇室的娛樂中心，附近不是皇家劇場，就是皇家讀書室，還有隨便踩街就碰上的天主教堂。它的天花板是像教堂般的琉璃畫窗，用餐區分為上、下兩層，二樓中間是鏤空的，可以看到一樓，很像皇室辦婚宴的場地，果然常出租做婚禮使用。閒妻不管幾點去，都看到滿滿的人潮在排隊等著進去用餐，或是享受貴族般的午茶時刻。入口處兩側，一邊是甜點櫃，一邊是鹹點櫃，玲瑯滿目的葡式點心，真叫人口水直流。那炸蝦（camarão empanada）大到跟我的手掌一樣，不管是有沒有包起司的，咬下去都是口口滿足，草莓塔（torta de morango）和葡式蛋塔（pastél de nata）更是甜而不膩，也難怪他們家特別貴。所幸一樓右側小邊間還有個小廳，氣氛差了許多，但至少比較容易排到位置，永遠擠不進貴婦區的閒妻，不是好不容易搶到小廳的角落，就是乾脆外帶，反正我多半是一個人，又總是穿件破洞牛仔褲，也沒什麼好搞氣氛的，能吃到最重要。

烏魯寡依阿那：歷史文化中心區塊

順著烏魯寡依阿那街（Rua Uruguaiana）繼續走，就會碰上批發區薩阿拉（Saara），薩阿拉其實是阿爾法得軋（Rua Alfândega）和巴梭斯先生（Rua Senhor dos Passos）兩條長長的街道，賣很多便宜的電子產品和生活用品給當地人，有點像台北的五分埔或後火車站。當然，便宜的東西多半是從中國大陸進口，所以也有許多華人在此做批發，二〇一四年上映的一部探討中國移民與巴西人的文化差異喜劇《中國製》（*Made in China*）就是在這裡拍攝。如果

葡萄牙文學閣給閒妻的最大驚喜，便是看到中文版的《聖經》收藏於此。

不是該片的粉絲就不用逗留了，在前面一條布宜諾斯街（Rua Buenos Aires）就可以轉彎往回走，批發街通常比較亂一點，觀光客不宜。

此區絕對不能錯過的景點是皇家葡萄牙文學閣（Real Gabinete Português de Leitura），閒妻第一次參觀是誤打誤撞走進的。話說那日，閒妻和哥倫比亞妞在歌劇院門口被一個請我們幫忙拍照的法國佬搭訕，哥倫比亞妞一直很想有段假期戀情，只好同意這自稱已逛過市中心的假識途老馬跟隨，被他亂帶到批發街時，閒妻就知道不妙了。好歹閒妻在聖保羅早已見識過更大型的批發區——二十五街（Rua 25 de Março），但薩阿拉的警力配置可不比二十五街，何況閒妻的卡里尤卡朋友早說過了，里約的警察是專門保護觀光客的，我們這三個外國臉孔，一個只會法文和英文，一個講西班牙文亂轉成怪里怪氣口音，自以為別人會聽成葡文，還有一個是一口破葡文的標準亞洲人，三人還彼此用英文對話，自己白目走到只有本地人會逛的區，出了事可怪不了別人。閒妻趕緊假裝鎮定，拉著大家轉到孔塞伊頌街（Rua da Conceição），走到底，在路易士德卡蒙耶斯街（Rua Luiz de Camões）遇上了一棟開著門的建物，外型是典型的葡式建築，裡面卻像極了霍格華茲魔法部的圖書室，高達三層樓的牆上架滿了古書，一樓排滿了供人讀書的古董桌椅，最叫閒妻驚訝的是，玻璃櫃裡的展示古書居然有中文版的《聖經》，實在太有親切感了。這時法國佬才想起來，「啊，這裡就是你剛才問我的皇家葡萄牙文學閣，我昨天才來過！」這位老兄，你會不會想到得太晚了，那剛才是要把我們帶去哪？

從帕蘇斯大道（Av. Passos）回拉帕區的路上，在大路口的提拉登奇斯廣場（Praça Tiradentes）稍事休息，三個已經走很多路的觀光客看到矮柱子就坐，閒妻一轉身，看到一座小劇場，牌子上掛的是若望卡耶塔諾劇院（Teatro João Caetano），精神一振，這不就是已有兩百年歷史的巴西第一座葡萄牙皇室劇院嗎？雖然經過不斷的改名，外型也被翻新得很現代化，但它的前身皇家聖若望劇院（Real Teatro de São João）的歷史地位可是不容抹滅。

巴西第一座皇家劇院擁有崇高的歷史地位。

東至港口：十五號廣場演繹葡國風情

市中心東面往港口方向有個很寬敞且熱鬧的空地，稱作十一月十五日廣場（Praça XV de Novembro），通常簡稱為十五號廣場，這一帶也正是多數公車與外州接駁車的轉運站。從市區往十五號廣場的路上，會看到一連串的葡式皇家建築和教堂，在廣場上的兩棟葡式建築是皇家宮殿（Paço Imperial）和以巴西民族英雄為名的里約州立法院提拉登奇斯宮（Palácio Tiradentes）。葡萄牙皇室遷宮里約的暫居所正是皇家宮殿，皇室避完風頭回葡萄牙，留在巴西的攝政王，也就是後來自立為巴西國王的裴德羅一世（Dom Pedro I），及繼任的裴德羅二世家族都住在這裡。提拉登奇斯宮自十七世紀起，一直被改朝換代的政府作為執法機構。十八世紀時，巴西第一位籌備革命未果的民族英雄查維爾（Joaquim José da Silva Xavier），被捕後關在此處，因為他是一名牙醫，所以大家都叫他「拔牙的」（音譯為提拉登奇斯），至今巴西仍將他受死刑的日子四月二十一日訂為國定假日「提拉登奇斯日」。

穿過皇宮往廣場後段的空地，沿路有些攤販，空地處也時時有搭棚的市集，賣的東西五花八門，從不同腳的破球鞋、一雙五塊錢的舊夾腳拖、不太確定是古董還是破爛的生銹電器，甚至還有舊式相機和毫無可搭配相機的記憶卡在同一攤販售。當然也有些正常一點的東西，但看了前述的產物，你確定那些不是他們剛從海邊搶來賣的嗎？閒妻是不敢買啦，但我有很認真的在相機攤裡尋寶，多希望我當年在聖保羅被搶的相機和記憶卡會出現在這裡，那我一定二話不說買回來，至少找到記憶卡也好（我的比基尼照片和各地旅遊的美好回憶啊～）。

十五號廣場不僅有五花八門的攤販，假日還常有前衛劇團即興演出（左下）。

穿過廣場就到往外島的接駁船港口，欲前往三個隸屬里約市的小島，都可在這搭乘接駁船，每班船的班次至少隔一小時以上，要是錯過了，可以回到廣場吃個炸盒子餅（pastél）、喝杯甘蔗汁，假日偶爾還會有人表演現代舞或前衛戲劇，與路過的群眾互動。

一路向北：藝文展演聚集地

往北走到底又是另外一番風景，巴西銀行文化中心（Centro Cultural Banco do Brasil）、巴西法國之家（Casa Franca Brasil）、郵局文化中心（Centro Cultural dos Correios）等展覽場都在這裡，除了美觀的建築外，大多數的小劇場演出、音樂會、藝術展都在這幾個中心進行，三棟建物的夾巷裡，還有幾家可愛的小酒吧，在看表演前可以在這裡小酌一番。巴西銀行文化中心斜對角馬路中間有個小廣場，中間是有三百多年歷史的坎德拉里

夜間的坎德拉里亞教堂，美到閒妻顧不得危險，四處找角度拍下它的身影。

亞教堂（Igreja de Nossa Senhora da Candelária），那典雅的巴洛克建築真是美呆了，白天經過時，只覺得這麼漂亮的教堂卡在馬路中間還真有趣，難不成跟台灣的民間信仰一樣，可能是土地公還是什麼神明托夢，馬路拓寬也不能把祂們的家給遷移之類的。查了一下發現，還真有點關聯，四百年前搭乘一艘名為坎德拉里亞的船隻來巴西的葡萄牙夫婦，在海上遇到暴風雨，倖存抵達里約後，決定蓋教堂向當時他們禱告求助的聖女坎德拉里亞還願。沒錯，就是有點像東方民間信仰的討海人守護神媽祖（難怪澳門的葡萄牙政府當年能夠接受不同信仰的媽閣廟存在，看到供奉的媽祖，應該很有親切感）。這個位置正是在面海港處，想是幾百年前也沒開發出那麼多交錯的馬路吧。晚上從巴西銀行文化中心看完戲出來，正對著的就是它，打了燈的教堂美到閒妻都不顧市中心夜裡有多危險，來回穿越馬路不斷找角度拍全景，坐在對面望著文藝復興時期的藝術之美，享受難得的寧靜，若非旁邊還有個哥倫比亞妞在等著，都忘了該回家了。

北方尋奇：小非洲村薩務吉的美麗與哀愁

一般觀光客應該很少會往上走到市中心以北的薩務吉區（Saúde），只有閒妻這個不怕死的，意外看到幾張漂亮的遺跡和藝術街照片，就起個大早隻身前往。

鹽石區代表的不僅是葡人運鹽的據點，還擁有黑奴媽媽們初上岸的記憶。

下了公車在發爾軋斯總統大道（Av. Presidente Vargas）上的路口找到警察站問路，警察看到突然出現的東方小女生也傻了，指了路還要看著閒妻安全進了社區才安心。巷子明明很大條，怎麼那麼安靜？街道比市中心乾淨明亮多了，卻一個人也沒有。好不容易有個人從工廠出來，是個黑壯漢，咦～他會搶我嗎？應該不會吧？冷靜地快速走到區中心的路口，總算有車輛來來往往，再仔細一看，四周全是黑人，反倒是我像動物園可愛動物區放出來的小兔子，被大家看來看去。

找到目標廣場，只有兩個黑阿伯站在旁邊聊天，看了告示牌半天，還是不確定這一堆荒石不是碼頭，和羅馬市中心路邊的遺跡也太像了點。其中一個阿伯很稀奇地跑來跟我搭訕，「你是日本人嗎？我們在賭你是不是日本人。」「不是，我是台灣人。」「台灣？喔，泰國，泰國。」好啦，這已經發生幾百次了，隨便啦，Taiwanês、Tailandês傻傻分不清，這裡到底是不是瓦隆古碼頭（Cais do Valongo）遺跡？「就是啊，兩百多年前我們的祖先就是被一船一船載來當奴隸，在這裡上岸後，二十年之內，近百萬的黑奴被送進來，這些破石頭就是當時下船的港口遺跡。」原來阿伯就是負責看管這塊遺跡廣場的管理員啊。為了大量的咖啡產出勞作，他的祖先被迫送到這裡，一到就被關在對面的大倉庫，等待檢疫和發放，這一帶也就漸漸變成黑人聚集的社區，現在被稱為是小非洲區。雖說是小非洲區，比起市中心髒亂的街道，閒妻倒覺得這裡是全里約最乾淨漂亮的社區。非洲裔與生俱來的音樂和舞蹈天分，在這裡組成大型森巴學校，許多藝術家負擔不起市中心昂貴的房租，也陸續搬到只隔一區，但租金、物

瓦隆古碼頭遺跡（右圖）對面有座大倉庫（左圖），是黑奴們上岸等待檢疫和發放的處所。

薩務吉區的藝術塗牆，表現出在地森巴藝術家的熱情。

價都特別低廉的薩務吉區來，不僅生活費降低，還能隨時和其他音樂、舞蹈專才交流。社區牆上和山壁間的塗鴉色彩鮮豔、主題分明，加上翻新後的歐式瓦隆古花園（Jardim do Valongo）及別具意義的鹽石（Pedra do Sal）階梯，這裡根本是個藝術村！

滿足地準備搭公車回拉帕區的劇團，很認真的來研究站牌，到底哪幾路車能到？路人報了兩隻牌給我，好吧，就專等這兩路。迎面而來的這輛肯定不能坐，但上完客已起步的公車上卻傳來我的名字，咦，那不正是晚上和我一起排戲的黑人劇團朋友瑞秋嗎？「瑞秋，這班車能到劇團嗎？」「可以啊啊啊～」聲音和她揮著手的身影隨著公車奔馳而逝。啊！來不及說：我沒趕上車，麻煩幫我跟導演說一聲，我肯定要遲到了。

吃喝玩樂小貼士

市政歌劇院（Teatro Municipal）

地址 / Praça Marechal Floriano, Centro, Rio de Janeiro（捷運辛尼朗吉阿站出口）
網址 / www.theatromunicipal.rj.gov.br
電話 / 21-2332-9220、21-2332-9005
開放時間 / 每週二到週日白天分時段開放遊客參加導覽，每個時段有限制人數，早上十點票口開門即可前往取號碼牌。英文導覽只有一場，週二至週五下午二點，週末及假日英文場為中午十二點。團體需事先電話預約。售票口位於面對歌劇院左邊轉角鐵門內。

國家圖書館（Biblioteca Nacional）

地址 / Av. Rio Branco 219, Rio de Janeiro
網址 / www.bn.br
開放時間 / 週一至週五早上九點至下午七點，週六早上十點半至下午三點半。
有Wi-Fi，可向圖書管理員索取密碼。

國家美術館（Museu Nacional de Belas Artes）

地址 / Av. Rio Branco, 199, Centro, Rio de Janeiro
網址 / www.mnba.gov.br
開放時間 / 週二至週五上午十點至下午六點，週末中午十二點至下午五點。

聖薩巴斯提翁主教堂（Catedral Metropolitana de São Sebastião）

地址 / Av. Chile, 245, Centro, Rio de Janeiro
網址 / www.catedral.com.br
開放時間 / 每天早上七點至下午五點
二〇一三年天主教青年大會時，聖方濟主教便在此主持彌撒。

聖安東尼奧修道院（Convento São Antônio）

地址 / Largo da Carioca, Rio de Janeiro
網址 / conventosantoantonio.org.br
開放時間 / 週一至週五上午八點至下午六點，週六上午八點至十一點，週日不開放。

哥倫布咖啡館（Confeitaria de Colombo）

地址 / Rua Gonçalves Dias, 32, Centro, Rio de Janeiro
網址 / www.confeitariacolombo.com.br
營業時間 / 週一至週五上午九點至下午七點半，週末及假日上午九點到下午五點。

皇家葡萄牙文學閣（Real Gabinete Português de Leitura）

地址 / Rua Luís de Camões, 30, Centro, Rio de Janeiro
網址 / www.realgabinete.com.br
開放時間 / 週一至週五上午九點至下午六點。免費參觀。

皇家宮殿（Paço Imperial）

地址 / Praça XV de Novembro, 48, Centro, Rio de Janeiro.
網址 / www.pacoimperial.com.br
開放時間 / 每週二至週日中午十二點至下午七點。免費參觀。

里約州立法院提拉登奇斯宮（Palácio Tiradentes）
地址 / Rua Primeiro de Março, Praça XV, Centro，Rio de Janeiro
開放時間 / 週一至週六上午十點至下午五點，週末及假日中午十二點至下午五點。免費參觀。

巴西銀行文化中心（Centro Cultural Banco do Brasil）
地址 / Rua Primeiro de Março, 66, Centro, Rio de Janeiro
網址 / www.bb.com.br/cultura
開放時間 / 週三至隔週一上午九點至下午九點。免費入場，演出及展覽另外付費。

巴西法國之家（Casa Franca Brasil）
地址 / Rua Visconde de Itaboraí, 78, Centro, Rio de Janeiro
網址 / www.casafrancabrasil.rj.gov.br
開放時間 / 週二至週日上午十點至下午八點。免費參觀。

郵局文化中心（Centro Cultural dos Correios）
地址 / Rua Visconde de Itaborá, 20, Centro, Rio de Janeiro
網址 / www.correios.com.br
開放時間 / 週二至週日中午十二點至下午七點。免費參觀。

坎德拉里亞教堂（Igreja de Nossa Senhora da Candelária）
地址 / Praça Pio X, Centro, Rio de Janeiro

瓦隆古碼頭（Cais do Valongo）
地點 / Av. Barão de Tefé靠港口的馬路左側。
可事先e-mail至atendimento@meuportomaravilha.com.br預約導覽行程，行程包括瓦隆古花園等景點。

瓦隆古花園（Jardim do Valongo）
地點 / Rua Camerino往瓦隆古碼頭之前，馬路右側的山腰上，有很不起眼的小入口，有時被及腰的鐵柵門關著，自行打開走上階梯即可。上面有彩色的葡式建築及排滿義大利雕像的花園，往下望可看到薩務吉市街的全景。

鹽石（Pedra do Sal）
地址 / Largo do São Francisco da Prainha, Saúde, Rio de Janeiro
鹽石的命名由來並非它是以鹽搭建，而是葡人運鹽過來的船到港時，都在此處的階梯口集合，北部送來的黑奴媽媽們也被安置於此區工作。這裡也是本地黑人創作出森巴音樂的誕生地，每週一和週五有年輕的森巴音樂家在此免費演出。

夜夜夜瘋狂——年輕人最愛的拉帕與聖塔特瑞莎

「我想，我們應該回去拉帕（Lapa），要不然就殺回聖塔特瑞莎（Santa Teresa）山上，這裡除了海風，什麼都沒有。」

「你……你……確定嗎？今天走了一天，已經很累了。」

坐在科帕卡巴那的海邊，剛吃完一盤烤肉，吹著海風已經舒服到快睡著的閒妻頓時驚醒。

在里約受訓幾個禮拜了，卻還沒到海邊走走，熱愛夜生活的哥倫比亞妞，嚷著要到海灘換換環境。聽早上一起上山的背包客說，科帕卡巴那海灘一帶的青年旅舍晚上常辦派對，年輕的住客們會在大廳喝酒、跳舞兼認識新朋友，於是打定主意要我陪她去科帕卡巴那混一晚。誰料，邀請我們去的小朋友來捷運站接我們時才告知，原來青年旅舍的派對是不對外開放的，這下閒妻可開心了，趕緊拿出早就畫好重點的旅遊指南，準備前往據說是本地人最愛的森巴小酒吧「嗶！嗶！」（Bip Bip）前進。

「嗶！嗶！」位於海邊小巷子內，狹長的小店擺不了多少桌椅，幾個抱著樂器的老先生就佔滿屋裡的座位，真正的客人則早早把店主擺在人行道上的桌椅給坐滿了，我們到時根本沒位可坐，而且或許太早了，約莫七、八點吧，氣氛還沒炒起來，也沒有年輕小伙子拿著啤酒站在外頭把妹。我再次裡裡外外確認了一下，的確是雜誌介紹每晚都有現場音樂演出的四十年傳統酒吧，許多知名的文人、藝術家當年都是在這相遇、相惜。哥倫比亞妞掃視了全場，認定這是個老人聚會的酒吧，與她期待的現場音樂演出形式不符，於是我們轉往海邊的小餐亭，望著大海等待著夜晚喧鬧的開始。

當然，夜晚來了，喧鬧卻從未發生，取而代之的是小餐亭快收攤了。哥倫比亞妞再也忍不住沒人搭訕的一分一秒，堅持要回到繁華的市區酒吧找樂子。後來仔細查證，才發現「嗶！嗶」的音樂演出是九點才準備開始，加上那天是平常日，來的都是住附近的常客，不像週末多少會有些誤闖的年輕觀光客加入，而我們大概就是那種預期到Room 18跳舞，卻跑到木吉他的小朋友。唉呀，被抓包了！其實閒妻心中本來就是想去民歌西餐廳，而不是pub啊～

科帕卡巴那海邊的週末夜晚，總是在森巴音樂家的歌聲下掀起熱潮，相對的，是平日週間靜靜坐在海邊，吹著海風，聽到的海浪聲。

拉帕：巴西年輕人的狂放美樂地

其實我們劇團所屬的拉帕區正是這幾年來很熱門的酒吧區，本地年輕人、劇場新生代和觀光客，到了晚上一定聚在這裡喝酒、閒扯，旁邊還有個大型演唱會的會場——飛行圓頂（Circo Voador）。這個由里約市政府贊助的場地，外觀設計如飛碟，主旨在推行巴西藝文，平日晚上開設有巴西流行音樂、舞蹈及巴西武術等課程，週末則租借舉辦演唱會或電音DJ主持的舞會，課後或狂歡結束的人潮，自然會駐足拉帕區喝點小酒、吃

吃宵夜，也就順道點亮了拉帕的夜晚。很難想像不過幾年前，這一帶可是人人避之唯恐不及的高危險地帶。

閒妻二〇〇七年第一次來巴西，就是為了到里約被壓迫者劇場中心（ＣＴＯ-ＲＩＯ），拜訪先前在美國已熟識的國際知名社區劇場導演波瓦。好不容易和秘書約好，某日晚上前往劇團參與紐約大學教育戲劇系受訓的成果發表，下午很興奮的叫了計程車，司機大哥一聽我們要到拉帕區，愣了一會兒，再打量了一下我們的東方長相，算了，從科帕卡巴那開到市區還滿有賺頭的。不小心開過了頭，司機竟不敢調頭，直接把我們放在路口加油站，閒妻還搞不清楚狀況，學生開口小聲警告我，「老師，這邊很危險，我們下車後不要東張西望，趕快往劇團走。」咦，天還滿亮的耶，不過是跨個馬路走三分鐘的路程，怎麼搞得像在做情報工作。

在馬路邊一排破舊三層樓建物的其中一棟找到了劇團，門口有個又黑又壯的彪形大漢守著，確認我們的身分後，等到有人出來接才放行。中場休息時，我們和紐約大學的教授出來門口透透氣，沒想到這天一黑也差太多了，街上一片死寂，暗黑的街上猛然冒出個幾乎只看得出白牙齒的青少年，一手拿著鼓鼓的透明塑膠袋，一邊講了些我當時還聽不懂的葡文，看著教授把手上的菸給了他，才知是來討菸抽的，拿了菸就往對面廣場的長形拱門走，微弱燈光下，照映出一群小伙子躲在拱門後的身影，等著他拿戰利品回

里約被壓迫者劇場中心（下圖）就位於夜店林立的拉帕區，附近的拉帕廣場有時會有藝術家聚集遊行，而週末夜晚在拉帕廣場的夜市更是熱鬧。

來分食。學生說：「老師，那一條長長的拱門就是有名的拉帕拱橋（Arcos da Lapa，又稱Aqueduto da Carioca，卡里尤卡的水道），也是這裡的地標，趕快拍拍照，我們進去吧，這區真的很危險。」好啦，你已經強調兩次，現在我真的知道怕了。

原來這區在一九九〇年代一直是被放棄的紅燈區，到處都是流浪漢、吸毒者，接著政府將被流浪漢霸占已久的破舊建物提供給小劇場工作者，就像法國的紅磨坊一般，這裡有劇場、有酒吧、有嬉皮，夜生活的人一多，阻街女郎和幫派分子也陸續增加。直到里約申奧成功，且巴西確定為二〇一四年世界盃足球賽主辦國，要吸引觀光客來玩，卻沒有安全的夜生活還得了，尤其是愛泡夜店的歐美客，晚上叫他們早早回房睡覺以策安全，不如叫他們別來了！政府總算開始掃盪犯罪，加強警力，塑造出里約繁華夜生活的形象，就連這裡的遊客服務中心，都在二〇一三年教皇聖方濟來訪時才搭好。

二〇一三年閒妻重回劇團受訓，拜託，這根本已經不是我認識的那個可怕拉帕！拉帕拱橋前方的廣場每週五、六都有夜市，烤肉串、烤肉三明治、中華炒麵、巴西調酒卡依比里娘（caipirinha）等，有的沒的好不熱鬧，我還以為到了巴西版士林夜市，連買幾杯調酒都可以討價還價。通常大家會在便宜的夜市吃個飽、喝個半醉，再轉移陣地到拱橋另一頭的餐廳酒吧街，畢竟餐廳酒吧東西貴了點，但是有位子坐，方便聊天，又有電視播放足球。有些酒吧甚至是夜間才開放，有專業ＤＪ放電音舞曲，也有好吃的餐飲和調酒。

白天的拉帕和夜晚的拉帕很不一樣，少了喧鬧，有的是豔陽投射出的明亮與希望。殖民時期建來解決水資源短缺的卡里尤卡水道橋，在寬濶的廣場前看來格外壯觀，往前走才發現，原來里約中華會館就在這條主要道路（Av. Mem de Sá）的交叉口，怪不得波瓦曾在自傳書中提到，前往美國留學之前，他是在拉帕區向一位華人老先生學的英文，看吧，還是我們華人的英文罩。會館的僑胞對我們

從殖民到民主，拉帕拱橋見證了拉帕的歷史。

這些人生地不熟的晚輩相當照顧，來里約的朋友們不用怕，在拉帕區要求救是沒問題的，我們這兒可是有靠山呢！

黑夜裡的聖塔特瑞莎：老外流連的後山夜樂園

除了拉帕區以外，另一個很受老外背包客歡迎的是在拉帕後山上的聖塔特瑞莎。因為山區交通不便，房價便宜很多，加上風景優美又安靜，成為許多青年藝術家的最愛，反正平時也是在家創作，山上多的是提供靈感的素材，需要進城時，沒搭上公車，走走路、爬爬山也很健康。這些年不少新生代知識分子在這一區的山腰置產，將家裡多餘的房間分租給背包客，或是長期來此地工作的年輕外國人，因此在這一帶偶爾英文也能通。到了週末，甚至有許多年輕人專程搭計程車到山上的酒吧，或臨時開放的夜店狂歡。

哥倫比亞妞正是分租了一位年輕英文女老師的房間。有回週末的夜晚，我們沿著山路散步，先是遇上一個街角的小店，門口聚集了很多穿著格子襯衫、戴著草帽的男男女女跳著鄉村舞曲，一排桌子上還放著許多特別的玉米類菜餚和椰子甜點。一位老先生很熱情的邀請我們加入陣容，還請我們一塊吃喝。原來那時期正好是巴西六月節的尾聲，以農立國的巴西，每年六月會舉辦一連串慶祝農產豐收的活動，大家穿上象徵鄉下人的格子衫，吃著玉米製成的食物，跳著農村的舞蹈，歡度佳節。閒妻玩得很開心，但大家應該記得，我們的哥倫比亞妞需要的是年輕小鮮肉帶給她精氣神的活力，於是我們很捨不得的告別爺爺、奶奶，以及穿著蕾絲裙、綁著玉米頭飾的小朋友，繼續向前行。

這一走還真給我們走到夜店了。遠遠傳來很high的舞曲，從一個小門後的階梯上去，看似有燈光和一大群人，計程車陸續停到小門前，穿著火辣的小妞們一一鑽進小門，我們也跟著進去，一人十塊錢巴幣入場費。爬上階梯進了會場，哥倫比亞妞的眼睛都亮了，是的，滿坑滿谷的小伙子和辣妹，正港的巴西夜生活開始了！

這個晚上大概是閒妻喝過最多啤酒的時候了，有趣的是，我一毛錢都沒花到，而且最常買酒請我喝的竟是巴西妞。不知是不是聖塔特瑞莎

山上酒吧林立，晚上不怕沒酒喝（左圖）。聖塔特瑞莎街角的倉庫週末夜晚就變為舞廳（右圖）。

勾妹絲的聖奇阿溝倉庫酒吧吸引著本地和國外觀光客不畏遙遠專程上山，開妻難忘的不是酒，而是他們家好吃的各式鹹點。

的藝文屬性比較特別，場內男性多為律師或銀行經理的白領，女性以在本地工作的外國人居多，我就遇上幾個很談得來的獨立電影工作者，她們專門拍攝在巴西的外國人異地生活題材，可惜為防喝醉酒掉手機，閒妻刻意把愛瘋放在家裡，只好留下自己的電話號碼和電子郵件，but，she never called！嗚～唉唷，怎麼有種美國喜劇裡在夜店留電話給心儀男子，對方卻從未聯繫的哀怨？好啦，我承認，我真的很想演她說很適合我的那個東方角色啦！後來發現，沒帶手機也挺好的，幾個聞名而遠道跑來這個舞會的巴西妞，跟我聊足球聊得太開心，一直說她們和幾個佛朗明哥隊的球員是好朋友，要帶我認識球員。閒妻聽了雖然超驚喜，畢竟那隊有好幾個從我支持的哥林多隊跳槽過去的強打，可是，前一年我才剛寫完該隊門將為擺脫女友而將其分屍的新聞，她們要我隔週到她們家那區辦的舞會和球員們相會，那可是遠方的另一個山頭喔（貧民窟多半在山上，就連聖塔特瑞莎再上去的山頭也是個小貧民窟）。沒膽的閒妻雖然喝了不少人家的酒，腦袋還是很清醒的，想到上有老母、家有長男，喔，不，是相公，和一隻貌美如花又聰慧的狗女兒，只好裝醉亂報號碼，這才逃過一劫。

至於我們那飢渴的哥倫比亞妞呢？剛和一位電腦工程師跳舞跳得正開心，轉個身，那位仁兄就和另一邊送上門的女子擁吻起來，她失望地去排了洗手間，竟主動和排後面的德國小帥哥聊開了，聊到後面八位都上完廁所了，他們還在聊。更慘絕人寰的是，德國帥哥的女友終於來問他怎麼上個廁所上那麼久（原來他有女友啊），那小子還回說不知為何前面這位一直和他聊而不去用洗手間。小姐，我們還是乖乖回家吧。

除了週末晚上隨時可碰上舞會外，聖塔特瑞莎的酒吧也是有名的。這座山頭因為有很多死巷和錯綜複雜的山路，閒妻幾次在市區叫計程車都被拒載上山，但這家「勾妹絲的聖奇阿溝倉庫酒吧」（Armazém São Thiago Bar do Gomez）可厲害了，門口排著整排的計程車，等著酒吧關門後載客下山，可見多少人是特地上山來喝酒的。這家酒吧最初是一位西班牙移民後裔接下的小雜貨店，第一次世界大戰後，西班牙的親戚陸續過來，開始進口歐洲的酒、鹹魚和肉類等等，慢慢變成家族企業的大超市，二十一世紀才轉變為酒吧。他們家除了酒類齊全以外，炸鹹魚球（bolinho de bacalhau）、炸木薯泥（bolinho de aipim）都超好吃的啦！

日光下的聖塔特瑞莎：鉛華洗盡後吐露藝術氣息

白天的聖塔特瑞莎主街道很漂亮，看得見藝術家在蹦吉（Bonde）電車站牆上認真的塗鴉，路邊還有以廢鐵絲環保利用製成的塑像，每隔幾步就有一間間的小店，以可愛的小花和木雕裝飾，還有好幾家別具特色的餐廳。往山上走有個很大的廢墟公園

龍柏女士（第二張圖中之玻璃彩繪女子）的故居雖已成廢墟，仍看得出百年前的榮華。地下室已改為小劇場（下圖）。

（Parque das Ruínas），說是廢墟，卻看得出它百餘年前的榮華，這裡曾經是十九世紀末、二十世紀初權傾一時的龍柏女士（Laurinda Santos Lobo）的別墅，在她辭世後，因無子嗣而荒廢數十年，才由里約市政府文化部接收整理，除了寬廣的平台可享用咖啡、觀賞市區美景外，還設有小劇場展演廳及藝廊。穿出公園的另一端，可以通往「天堂的農場博物館」（Museu da Chácara do Céu），那裡除了有館藏的畫作和藝術品外，由花園往山下看，又是另外一道風景。我和哥倫比亞妞去的那天正是時候，週三免費，雖然入場券也不過兩塊錢，但是對於最愛「免費」的閒妻來說，真是超幸運的。巴西公家單位所屬的博物館或展覽大多每週會有一天可免費參觀，先上官網查清楚免費的日期，再來安排行程，一趟旅程下來可以省下不少錢。

下山往拉帕區和葛蘿瑞雅區（Glória）的交叉路上，有個連本地人都不太知道的小劇場——杜斯劇場（Teatro Duse），這可是巴西第一個實驗劇團創始人馬格諾（Paschoal Carlos Magno）的居所，也是他創立巴西學生劇團（TED）時，所設置能容納一百人的小劇場，因此又稱為「馬格諾之家」（Casa Paschoal Carlos Magno）。現在偶爾提供兒童劇團等社區劇場進行免費演出，劇場入口處放置著各國文化的偶戲道具和傀儡展示，劇場樓上則提供來巡迴演出的劇場人免費住宿。閒妻有幸因為在里約聯邦大學發表論文，被安排在這裡住了一週，行前興奮到整晚睡不著，進了屋裡更是驚喜得四處轉個不停。上樓的斜坡有數尊西洋古典戲劇中常見的希臘羅馬神話人物像，裡頭有小圖書室、通風的臥房，還有能眺望整片里約市景的大廳，那就是馬格諾的工作室。終於能體會為什麼那麼多的藝術家夜晚流連拉帕的酒吧，卻選擇住在聖塔特瑞莎，這裡真是洗盡鉛華、激發創作靈感的好地方啊！

塞拉隆階梯：連接聖塔特瑞莎與拉帕的藝術之路

從聖塔特瑞莎下山往拉帕區，有條很漂亮的階梯捷徑，絕對不容錯過！走在Ladeira

塞拉隆對巴西的愛，全然表現在這色彩鮮豔的磚梯上，遊歷五十國，終將魂歸於此。

蹦吉是聖塔特瑞莎的代表物，你看出塗鴉牆上誰是誤入的觀光客了嗎？

de Santa Teresa的大路上，請注意右手邊有個往下的階梯入口，整條階梯貼滿了七彩瓷磚貼畫，就是它——塞拉隆階梯（Escadaria Selarón）。

里約真的是擁有吸引藝術家前來長住的魅力，智利的藝術家塞拉隆（Jorge Selarón）就是一例，甚至將他的生命奉獻於此。熱愛自由的塞拉隆遊遍五十國後，選定長住聖塔特瑞莎，並自一九九〇年起，開始妝扮家門口的這條階梯，為了籌錢蒐集材料，賣了不少畫作，一直維持清貧的生活，每天就是專注在拼貼這長長的七彩階梯。這條鮮豔獨特的階梯，逐漸成為拉帕拱橋後方通往聖塔特瑞莎的重要觀光地標，受到國際上的注目。里約市政府在二〇〇五年頒發榮譽市民獎章給塞拉隆，只可惜二〇一三年的一月，這位滿腦只有藝術創作的老先生，在自家被友人刺殺身亡，留下了幾階未完成的遺憾。

由拉帕區往上的階梯口，每天都吸引不少觀光客前往拍照，還有許多和塞拉隆一樣來自南美其他國家的流浪藝術家，也會到這裡販賣自己的手工創作換取旅費。由於階梯位在小巷內，不是很好找，基本上，從拉帕水道後找到Rua Joaquim Silva直走，就在右手邊。若錯過這條小路，走到大路Rua da Lapa的話，看到交界的小巷Rua Teotônio Regadas便右轉進去，也可以找得著。

除了從塞拉隆階梯邊拍照邊上山以外，還可以選擇從市中心搭乘蹦吉上聖塔特瑞莎。從捷運卡里尤卡站出來後，往拉帕方向走，找到這兩年因政府高官涉貪案而紅極一時的巴西石油公司（Petrobras），蹦吉候車站就在這棟建物後方的Rua Lélio Gama上，可以體驗行駛在卡里尤卡水道上的樂趣。因意外頻傳而停駛五年的蹦吉，在二〇一五年重開，因仍屬試驗班次，僅限中午十一點至下午四點有少少幾班車，預計二〇一七年才會連同其他拉帕區的線路重新正式運行。搭乘蹦吉上山，走走逛逛，正好可在山上看夕陽，再到知名的酒吧喝個小酒、吃點下酒菜，多麼愜意。

吃喝玩樂小貼士

嗶！嗶！酒吧（Bar Bip Bip）

地址 / Rua Almirante Gonçalves, 50, Copacabana
酒吧櫃檯有介紹該酒吧發生的一〇四位知名藝術家故事，一本約R$30，有興趣可以付費購買，該書收益將捐做社會公益。

飛行圓頂（Circo Voador）

地址 / Rua dos Arcos, Lapa
網址 / www.circovoador.com.br

里約中華會館

地址 / Rua Gomes Freire 753, Lapa
電話 / 21-2222-1012
就在Rua Gomes Freire靠近Av. Mem de Sá的路上，一家雜貨店的樓上，門口掛有里約中華會館的牌子。

Restaurante Belga

地址 / Av. Mem de Sá, 99, Lapa.
中華會館斜對角，在Av. Mem de Sá 和Rua Gomes Freire的交叉口，有家便宜又好吃的秤重餐廳，裡頭有現烤肉食、義大利麵、冷盤沙拉、白飯等。所有果汁都是現打，每天還有不同的果汁促銷，當日果汁品質不變，但特別便宜。門口櫃檯旁邊還有咖啡、茶，可以免費取用。

勾妹絲的聖奇阿溝倉庫酒吧（Armazém São Thiago Bar do Gomez）

地址 / Rua Áurea, 26, Santa Teressa
網址 / www.armazemsaothiago.com.br
營業時間 / 週一到周六中午十二點到半夜一點，週日中午十二點到晚上十點。

廢墟公園（Parque das Ruínas）

地址 / Rua Murtinho Nobre, 169, Santa Teressa
開放時間 / 週二至週日上午八點至下午六點，免費參觀。

天堂的農場博物館（Museu da Chácara do Céu）

地址 / Rua Murtinho Nobre, 93, Santa Teresa
網址 / museuscastromaya.com.br
開放時間 / 除週二外，每天中午十二點到下午五點。老人、小孩、教師、學術團體等免費，每週三則全部免費。

杜斯劇場（Teatro Duse）

地址 / Rua Hermenegildo de Barros, 161, Santa Teresa
開放時間 / 平日不開放，有演出時可免費入場觀賞。

塞拉隆階梯（Escadaria Selarón）

由拉帕區過去，在拉帕水道後方Rua Joaquim Silva和Rua Teotônio Regadas的交界，那條階梯的路名為Rua Manuel Carneiro，但整條路僅限階梯路段，再上去往聖塔特瑞莎方向已轉路名為Rua Pinto Martins。

時尚花園買不累

如果里約熱內盧給人的印象是歷史文化與民族熱情，那麼聖保羅就是商業經濟和現代流行時尚的象徵，絲毫不輸在它正上方的紐約大蘋果。

想想，到紐約旅遊，你的必走行程會是什麼？參觀大都會美術館、各類博物館，到第五大道名店街大買特買，再去各大浪漫電影必拍的景點如中央公園走走逛逛，還是去百老匯和外百老匯，欣賞主流或非主流的劇場藝術？從保利士達大道（Av. Paulista）的花園區（Jardim）為中心出發，這些在聖保羅都能一網打盡。

花園區：聖保羅時尚與商業的精華所在

「這個字對你來說可能比較難理解，但是從日文解釋，或許比較好懂。」

咦？老師會日文？對吼，老師長得就一臉純正日本人的樣子嘛。

「古斯塔弗，你是日本人嗎？」

「不，我是保利士達！」葡文老師說著說著下巴便抬起四十五度角，連屁股都翹了起來。

あの……我是指，你是日本後裔嗎？有必要這麼強調是聖保羅人喔？

作為移民的大鎔爐，不管祖先來自何種族，管他是歐洲移民、非洲後裔、印第安原住民或亞裔，只要出生自巴西，都是巴西人，而來自南美洲最大經濟城市且走在時尚尖端的聖保羅人，更是特別有自信，就好像紐約客一樣，他們以身為保利士達（聖保羅人的代稱）為傲。

聖保羅市的精華地帶正是保利士達大道所在的花園區，大多數的國際企業都以這條大道為中心設立分公司，就連駐聖保羅台北經濟文化辦事處也設於這一區，服務僑民及巴西人的簽證事宜。外國觀光客和被外派來的跨國公司主管，多半喜歡住在這一帶，為什麼呢？因為，這裡可是全巴西最多英文菜單、交通又便利的區啊，終於有不會葡文也能生存下去的地方了！

這條大馬路可不簡單，它象徵著巴西的民主自由與經濟，也表現了聖保羅人自主性的藝術風格，這裡是向政府表達反貪腐、反黑箱的街頭抗議主戰場，也是全世界最大的

由義大利建築師芭兒蒂設計的聖保羅藝術博物館（左圖），是聖保羅的重要地標，沿線保利士達大道路旁的塗牆藝術也很有看頭。

同志彩虹遊行起點站，每年至少集合了兩百萬人參加。除此之外，沿線有好幾家大型百貨公司，還有數間大小博物館、文化中心和藝術電影院。

馬路邊上的聖保羅藝術博物館（MASP，Museu de Arte de São Paulo）是必走景點，當年畢卡索的畫作〈蘇珊寶殊的肖像〉就曾在這被偷，鎮館之寶尋回後才趕緊加強了保全，否則拉斐爾、雷諾瓦、莫內等大師在天也不得安寧，得操心自己的心血哪天會不會被不識貨的巴西小賊給毀了。即使對美術畫作沒興趣，也得在門口拍張照到此一遊。這棟由義大利建築師芭兒蒂（Lina Bo Bardi）設計的博物館，以兩根巨大ㄇ字型的紅色柱子挑空支撐，特殊的造型讓它成為聖保羅市的主要地標之一。空曠的地面層到了假日有很貴的跳蚤市場，有古董，也有破爛，眼光好的遊客可以去挖挖寶。

同條路上還有玫瑰之家（Casa das Rosas）和伊塔屋銀行文化中心（Itaú Cultural）等景點，有時間的話，可以晃過去看看展覽、喝杯咖啡，這些地方都是免費的。

時尚大街奧斯卡弗累累：除了買，還是買！

記得在里約的標準穿著嗎？短褲、拖鞋，最好兩手空空大步搖擺，但是，在聖保羅的花園區穿拖鞋看看，管你穿的是哈瓦仕（Havaianas）還是伊帕內瑪（Ipanema），搞不好會被人白眼。聖保羅時尚週可是全拉丁美洲的流行尖端，在保利士達大道上，上班族一定西裝筆挺，即使整區的斜坡路段都是坑坑洞洞，女生還是個個腳踩三寸高跟鞋，提著名牌包。就好像在加州可以很休閒的穿件帽T、球鞋到處跑，在紐約要是不換上大衣、靴子，怎麼樣就是格格不入。

如果待在聖保羅的時間不多，在花園區只有一天的時間，那當然是全用來大買特買啦！喔，不行，聖保羅藝術博物館還是得去的，早上十點鐘先殺到博物館拍照，花兩個鐘頭看看主要畫作，中午就在這附近用餐，因為是聚集上班族的商業區，不管是日式、巴西式或義式料理，到處都有商業午餐，便宜又精緻美味。體力好又喜歡大自然的話，可以穿過特里亞農公園（Parque Trianon），邊散步消化消化，邊往貴婦們最愛的奧斯卡弗累累（Rua Oscar Freire）大街走。

既然叫做弗累累街，肯定是光想到大採購，怎麼走都不累累的啦！不過，從公園出來往下走五條街，還要右轉弗累累再走個四、五條街左右，才會到觀光客的主戰場——哈瓦仕和梅莉莎（Melissa），所以還是花個十幾塊錢坐計程車好了，把體力留在店裡用。

整條奧斯卡弗累累就是名符其實的名店街，幾乎所有叫得出名字的國際知名品牌都有，中間還穿插了義大利冰

一隻隻的香香鞋被泡泡懸起，就像等待王子的灰姑娘鞋，這樣夢幻的梅莉莎專賣店，是不是很像藝術展覽廳呢？

淇淋、法國甜點店和很有氣氛的咖啡廳，讓貴婦們逛累了隨時能停下來休息一會兒。閒妻的建議是，那些歐美名牌就直接跳過吧，巴西的進口稅至少百分之百，肯定比歐洲甚至台灣、日本要貴多了，當然是看準巴西品牌下手。這條路是單行道，計程車搭到梅洛阿肥斯（Rua Melo Alves）路口，往回走的左手邊就會看到大大的哈瓦仕招牌，下了階梯就是男女老少都愛的哈瓦仕拖鞋旗艦店，除了拖鞋、帆布鞋、海灘巾，連手機防水套都有，還有專人現場為你客製化拖鞋裝飾，加點錢就能打上各種造型的閃亮小鑽，最重要的是，這裡的價錢跟超市一樣低。

再往前走一條街的右手邊，有個凹進去的圓弧形小廣場，每季都會換不同主題的裝置藝術，圓弧形的牆上一圈圈都是灰姑娘遺落的單隻香香鞋，裡面就是巴西橡膠鞋梅莉莎的專屬藝廊，也就是專賣店啦，只是它設計得很像藝術作品的展覽廳，將每雙鞋都很有質感的懸掛起來，或以透明框擺設。

哈瓦仕和梅莉莎本來都是巴西的平民品牌，尤其哈瓦仕的單色系列，在巴西等同台灣的藍白拖，價格低廉又舒適，這幾年在國際上打響名聲，成為觀光客來巴西的最愛，閒妻就買了一堆放家裡給客人當室內拖，國外朋友來訪，總是很驚訝：這麼高級，用名牌拖鞋作室內拖！其實便宜得很，還不到台灣的一半價錢，比起那些進口的布面室內拖便宜多了（在台灣夜市一雙五十、一百台幣的室內拖，這裡可是要好幾十巴幣哩）。每次帶朋友來這裡就是尖叫聲四起，便宜就算了，款式多到眼睛都看花了，閒妻上回也順手抓了雙新上市的《星際大戰》黑武士加尤達大師版給老公，本來還被碎碎念，家裡拖鞋夠多了還買，結果哩，某人一看到綠色尤達就笑咪咪，現在還不是喜新厭舊，天天穿著它們。

第一次去找梅莉莎的鞋，是結婚前來巴西遊玩時，為了幫台灣的化妝師朋友帶貨，才問這裡的女生朋友有沒有聽過這牌子，朋友們還覺得奇怪，不就是那個便宜橡膠鞋嗎？陪著我找到梅莉莎藝廊後，大家都瘋了，一雙接一雙跟著買。原來近幾年這個本地土牌和世界各國的知名設計師合作，發展出了不少有質感又前衛的時尚款，其中以英國時尚教母薇薇安．魏斯伍德（Vivienne Westwood）的作品最為亮眼，這兩年連台灣之光吳季剛（Jason Wu）也加入陣容。這些聯名款的價格比起梅莉莎本土出產的價格高了些，但比起台灣、香港、英國等地的價錢，唉喲，買到賺到，買一雙等於賺兩、三雙，買十雙，機票錢都回來一半了。啊，不能鼓勵大家批貨，最近被觀光客搶貨搶到閒妻的尺寸都缺貨了。閒妻發現廠商其實滿賊的，近來出了很多和名家設計類似的款式，同樣是時尚教母鍾愛的蝴蝶結和誇張愛心，就給它蝴蝶結弧度變大，或是愛心反個方向，就變成自己的本土設計，價格低一點點，又不用支付設計師合作利潤。有些一窩蜂跟著流行來搶購的太太們，沒搞清楚，以為只要是梅莉莎就是名牌，其實設計感真的有差，除非是自己很喜歡的款式，買來自用無妨，如果打算帶回家鄉轉售或送人，還是選擇設計師加持過的比較穩當，雖然在巴西類似款和名家款價格不會差太多，但一出了國，有沒有他們的名字印在上面，價差可是從數百到數千不等，即使送人也有面子多了。

梅莉莎的對面就是幾家巴西知名的皮件和皮鞋專櫃，閒妻的最愛是阿累手（Arezzo），會害人付錢付到手都累了。初次來巴西時，在百貨公司專櫃無意間看到一雙復古金屬色的高跟鞋，就深深愛上它的質感，第一次穿那麼高的細跟鞋，走起來居然那麼穩，二話不說，「麻煩你，付

舒茲鞋對女性的吸引力，連愛因斯坦的相對論都無解。

現可以給我打個折嗎？」才九五折喔~很捨不得，還是入手了。一穿回台灣，真是人見人誇啊，感覺腿都變美了。舒茲（Schutz）也是上班族女性很愛的高跟鞋品牌，在弗累累街上的專門店門口也有個小廣場，一側的牆上是每季更新的彩色畫作，廣場上擺了數個該店風格的白色方格子椅，不知是不是讓陪著姑奶奶逛大街的老爺們有機會拿欣賞藝術為藉口，在門口休息一下？上回看到的是穿著七彩格子衣、騎著腳踏車的愛因斯坦，下回換季又不知輪誰上場？這一排的名店時有令人驚喜的促銷，平日沒有促銷時，遇上潛在的大客戶，偶爾還會奉上女性最愛的粉色香檳，讓貴婦們享受悠閒自在的購物時光，微醺之下順便多刷兩個包回家。

伊比拉布耶拉公園：聖保羅的中央公園

在加州念書時，覺得最幸福的就是住宅區附近一定會有一大片的公園，午後散步到公園讀本書，累了就躺在草地或石椅上，拿書蓋著臉小睡一下。回到台灣，想隨時走進有大片草地的公園就不是那麼容易了。初次來巴西的最後幾天，被閒妻夫給黏上，他說聖保羅有片像森林一樣的大公園很漂亮，要帶我去走走，看了好幾天的高樓大廈，終於聽到有綠地，好吧，給他個機會。

以媲美倫敦海德公園及紐約中央公園為目標而興建的聖保羅伊比拉布耶拉公園（Parque do Ibirapuera），其實占地及功能性都遠比上述兩個公園更強。在原住民杜比語（Tupi，亞馬遜一帶使用的土話）中，「伊比拉布耶拉」的意思是「腐爛的樹」，過去這一區在殖民時期是一大片的農場及牧場，一九二〇年代的聖保羅市長便有意將其整地為世界級的公園，但直至一九五一年才開始落實該計畫，裡頭多數建物都是由巴西名建築師奧斯卡·尼邁耶設計，於一九五四年啟用。

在公園的主要入口外面就是一尊五十公尺長、十六公尺高的巨型雕塑「紀念碑旗」（Monumento às Bandeiras），由征服者葡萄牙人騎著馬在前方吆喝，後面是一整排被抓來的黑人、印第安人等奴隸，努力的把船推上岸，表現初期開拓荒地的辛苦。閒妻一直不懂將那笨重的石雕放在門口作公園地標的意義是什麼，只覺得對於一向以民主自由及種族平權為傲的巴西來說，這不是挺諷刺的歷史傷口嗎？怎麼還很得意似的？所以至今沒和它合影過。

經過紀念碑旗，開進公園內的停車場，找到位置停了下來，一個好手好腳的男子過來向閒妻夫搭訕，嘰哩呱啦一番，閒妻夫竟拿了二十塊給他。我很訝異地問發生什麼事，原來在巴西不管街上或某些人潮較多的停車格附近，都有這些被稱為蟑螂的人，明明馬路是公共財，卻以幫你看車為藉口要錢，有的甚至還穿上像義交的背心，把這當作一份固定工作，不去求職上班了。一般意思一下給個一、兩塊錢就算了，那傢伙居然獅子大開口，要了二十塊，那時還是一塊巴幣換十八塊新台幣的高匯率呢！閒妻一聽傻眼，「三百多台幣？比五星級飯店泊車還貴，那你二十塊給我，我在這幫你看車好了！」閒妻當然沒有留下來看車，而且那人拿了錢早跑了。許久以後才聽閒妻夫說，其實他那時也覺得太誇張，平常他會跟這些太超過的蟑螂討價還價，給個意思就算了，但那天想在妹面前擺濶，只好啞巴吃黃蓮。這件事給了閒妻很大的啟示，婚後一定要把這傢伙的錢看緊一點！

這是聖保羅最大的公園，也是最主要的複合式觀光景點。除了像森林般的樹林及大湖外，還設有天文館、博物館、日本庭園、雕刻公園、當代美術館、展演廳、現代藝術館、園藝學校、健身房、生態環境與文化開放學院、雙年展覽廳等，台灣的知名藝術家陳界仁便多次在此參與聖保羅雙年展。在三號出口處的伊比拉布耶拉噴泉（Fonte do Ibirapuera）則是每年聖誕節的重頭戲之一，這座大湖每晚定時上演著不輸美國拉斯維加斯布拉爵爾旅館（Hotel Bellagio）的水舞秀，聖誕佳節期間，環繞大湖的森林佈滿絢麗聖誕燈飾，就像米其林三星的法國料理，再怎麼塞車也值得前往一看。

有了狗女兒之後，偶爾週末我們會特地開車到這兒走走。公園實在太大了，狗女兒走沒幾步就會賴皮要爸爸抱，所幸公園裡有餐廳，也有小吃亭，餐廳門口都會擺上桌椅，供有寵物的客人使用，午餐時間可以吃到好吃的牛排加蛋客飯，過了時間就只剩漢堡、熱狗了。這兒空氣新鮮又寬廣，真的是狗狗的最愛，但走在湖畔一定要格外小心，不就說這是腐爛樹林改造的嗎？湖裡爛泥一堆，咱家狗女兒看到天鵝、鴨子就追，有回失控跟進湖裡，把我們夫妻倆給嚇慘了，我們可都是旱鴨子啊！幸虧她還聽話，及時給叫了回來，問題是，全身臭得像掉進糞坑一樣，我的媽呀，只好喝令她老爸脫衣救女，犧牲一件T恤，老娘捨命抱著回家，沒想到臭到連家附近的狗店都拒絕洗她，只好親自下海侍候咱家格格入浴了。閒妻夫不說，但別以為我不知道，他那天晚上睡得離那麼遠，肯定是因為嫌孩子她娘洗了半天還有殘餘的爛泥味！

聖保羅的伊比拉布耶拉公園，在閒妻眼裡，一點也不輸給紐約的中央公園。

吃喝玩樂小貼士

聖保羅藝術博物館（MASP，Museu de Arte de São Paulo）

地址 / Av. Paulista, 1578, São Paulo
網址 / masp.art.br/masp2010/index.php
開放時間 / 週二至週日上午十點至下午六點，週四上午十點至下午八點，週二免費。閉館前三十分鐘起不得入場。

玫瑰之家（Casa das Rosas）

地址 / Av. Paulista, 37, São Paulo
網址 / www.casadasrosas.org.br
開放時間 / 週二至週五上午十點至晚上十點，週日及假日上午十點至下午六點。免費參觀。

哈瓦仕（Espaço Havaianas）

地址 / Rua Oscar Freire, 1116 , São Paulo
官網 /www.havaianas.com.br/pt-br
旗艦店網頁 / pt-cv.havaianas.com/pt-CV/stores/concept
營業時間 / 週一至週六上午十點到下午八點，週日中午十二點到下午六點。

梅莉莎（Melissa Gallery）

地址 / Rua Oscar Freire, 827, São Paulo
網址 / www.melissa.com.br
營業時間 / 週一至週五上午十點至下午七點，週六上午十點至下午五點

阿累手（Arezzo）

地址 / Rua Oscar Freire, 808, São Paulo
網址 / www.arezzo.com.br
營業時間 / 每天上午十點至下午八點。

伊比拉布耶拉公園（Parque do Ibirapuera）

地址 / Av. Pedro Álvares Cabral, São Paulo（較近的捷運站為Brigadeiro）
網址 / www.parqueibirapuera.org
開放時間 / 公園每日五點到半夜十二點免費開放，晚間十點以後車輛禁止進入，各展場門票依展覽不同而異，可租借腳踏車。

駐聖保羅台北經濟文化辦事處

地址 / Alameda Santos 905, 12 andar, São Paulo
電話 / 55-11-3285-6988
網址 / www.roc-taiwan.org/BR/SAO
電郵 / taiwansp@yahoo.com.br
辦公時間 / 週一至週五上午九點至十二點，下午一點半至四點。

從日本城出發，探訪葡亞大鎔爐

「巴西的韭菜餃子大到一顆抵三顆，還有好多的日本超市，聽說日本人移民那裡有一百多年了。」

「那不是剛好？正合你口味。」婚前每逢寒暑假到巴西談戀愛，來回轉機總會在美國的姐姐家稍作停留，閒妻姐姐很隨意的這樣回答。

沒錯，我愛吃餃子。在美國念書時為了方便買菜，還特別選擇住在日本超市附近，原來閒妻是因為超大餃子和日本超市，才覺得即使嫁到巴西也不是不能接受的選項嗎？

自由區（日本城）：巴西最熱鬧的亞洲圈

位於聖保羅市中心旁的自由區（Liberdade）應該是全巴西最熱鬧的亞洲圈了。閒妻第一次來巴西參加的研討會，正是在自由區的葡萄牙之家（Casa de Portugal）舉辦，雖說幾天的會議都在傳統的歐式建築裡進行，走出大門卻是滿街的東方味。計畫移民到巴西已經一百多年的日本人，很早就在自由區駐點，理由在於它緊鄰市中心「澀」（Sé），方便農人前往販售咖啡等農產品，且這兒是當時最便宜的地段（當然現在早已被亞洲人炒房炒得「貴三三」了），初移民來的窮苦日本人只負擔得起這裡低廉的房租。

起初不諳葡語的日本人逐漸在此地形成傳統的日式商圈，舉凡日式浴衣、餐具、女兒節的娃娃、招財貓、日文雜誌等日用品，甚至紀念品，一應俱全。日本超市、日式料理、居酒屋、拉麵店等美食更是不用說，就連巴西小吃炸盒子（pastel），都能轉化為日式口味，內容物改為豐富的魚板、豆腐、蔥花，全巴西僅此一處販售獨特的日式炸盒子。自由區也就成了名符其實的日本城了。

幾十年前的台灣掀起了移民潮，有錢的賣房找關係往美國、加拿大走，沒錢的也想盡辦法往外跑，第二選擇就是中南美洲。台灣和日本地緣關係及文化親近，加上當時的青壯年大多受的是殖民時期的日本教育，葡文或許一竅不通，日文倒是還能溝通，至少吃的口味也相近，自然就來到自由區，與日本前輩們共生。

閒妻在買菜時認識的彭鄭美智奶奶，在四十多年前到巴西時，就是在日本前輩們的幫忙下適應環境，也學著做些小本生意，後來從事現宰雞肉店鋪致富，巴西政府頒布禁

止在街上店面現殺牲畜後，她改做雜貨販賣，再陸續將自由區商店街的幾個店面買下，累積了點財富，總算帶著子孫們過上好日子。

每逢週末假日，這些精通日語的婆婆媽媽們，就跟著參加日本移民組成的日本舞、體操等社團，到了節慶時，她們都是自由廣場（Praça de Liberdade）上演出的重要成員。日本人的七夕情人節和華人的農曆新年，都是自由區最熱鬧、最重要的節慶活動，來到聖保羅剛好遇上的話，一定要去湊個熱鬧喔！

日式七夕情人節，東方風情吸睛

雖說牛郎織女的故事來自於中華民族，卻在日本被發揚光大，甚至被移民者帶到聖保羅。日本有那麼多的傳統節慶，卻選擇了七夕

日本城的七夕節慶，既有台、日奶奶們的舞蹈演出，還保留了祈福許願的傳統。

（Tanabata Matsuri）作為年度慶典，或許是因為它的故事性及噱頭足以吸引巴西本地的觀光人潮，可以促進自由區商店街的繁榮。每年七月的某個週末，自由區的橋墩及車道都會被劃為徒步區，整條街上有章魚燒、炒麵、天婦羅等日式小吃，還有提供玩樂的童玩小攤，穿著日式浴衣的小姑娘，還會為遊客們解說七夕故事的由來，並免費提供色紙，讓遊客們寫下心願，掛在佈置好的竹籐上祈福，活動結束後，再由商店街的委員們收集好，連同竹籐，以祭祀性的儀式，將大家的心願燒給上天。

華人農曆賀新年，舞龍舞獅登場

近幾年，在華人大量湧入之下，自由區的華人人口早已遠超過日本人，除了各式日本料理店、居酒屋及拉麵店外，各條街上還穿插著中國餐館、台灣小吃店，在這兒，即使不會葡文，說日文、中文也可以，偶爾台語都能通，這幾年新蓋的社區大樓門口甚至有中文標示，於是我們重要的農曆新年（Ano Novo Chinês）當然也搬上檯面囉。活動內容與七夕情人節大同小異，有小吃、有遊戲，不同的是七夕的日本舞及太鼓等傳統日本表演，轉換為舞龍舞獅、民俗舞蹈、太極拳及華裔青年們的卡拉OK競賽等。

農曆新年到，日本城一轉身就換上中國風，連巴西人都戴上斗笠來應景。

除了特殊節慶時會有表演，早已轉型為觀光區的日本城，其實每週日都會將自由廣場周圍封街，舉辦市集，廣場上有販賣巴西各地手工藝品，以及日式紀念品等，馬路上排滿了炒麵、鍋貼、天婦羅、串燒、章魚燒、烤肉等混合巴西式、中式、日式的小吃攤，閒妻的最愛是包著飽滿紅豆泥的大顆車輪餅（太想念台灣的紅豆餅、奶油餅了），每回經過總要買個十顆、八顆回家，和閒妻夫一塊兒解解饞。

市中心：探訪聖保羅的發源地

從自由廣場往上走，會看到一棟高聳莊嚴的教堂，這裡就是市中心的地標——聖保羅大主教堂（Catedral Metropolitana de São Paulo），穿過這座全聖保羅最大的教堂，就是市中心的澀廣場（Praça da Sé）。聞妻第一次來是跟著語言學校的校外教學，帶隊的老師緊張得很，小巴一停，先東張西望，再叫大家下車跟好，趕緊衝進教堂，因為這區很危險。班上身材和臉蛋超像名模的波蘭妞聽了開始抓狂，「很危險！那你們為什麼要帶我來這裡？我會是搶匪的目標耶！」然後就死不肯下車。對啦，市中心真的危險了些，小偷多了點，尤其她一看就是歐洲來的富家女。可是有什麼辦法呢？這座全聖保羅最大的教堂真的很值得一看，外型是新哥德式建築，裡頭除了以大理石為基座外，還有全拉丁美洲最大的管風琴，何況進了教堂就很安全了，雖然誰都能進去，但賊兒們總沒那個膽在上帝跟前做壞事，畢竟多數的巴西人都是虔誠的天主教徒。

廣場四周有好幾條小巷，都是些零星的批發店。路上很多人掛著牌子在買賣金子（compro ouro），先給你看幾張金項鍊的照片，再帶到暗巷取貨，接下來會發生什麼事就不知道了，所以千萬別相信他們，只要不予理會，他們也不會強迫把你拉走。快速通過，往捷運聖奔抖站（São Bento）方向走，就會看到一個小廣場，廣場上有棟看來簡潔

聖保羅大主教堂。

舒服的白色建物，這裡正是聖保羅市的出生地——校園庭院（Pátio do Colégio）。當初第一批到巴西的耶穌會修士們，就是在這建立了聖保羅城市，也在此地開設學校，邊教印第安人拉丁文，邊向他們傳教。現在裡頭有紀念聖保羅創辦人安切耶塔修士（José de Anchieta）的博物館，有望彌撒的禮拜堂，還有圖書室及美麗的花園咖啡廳，牆邊的玻璃中，有一整片十五世紀留下的學校古牆，坐在這兒來杯咖啡，特別有感覺。

美景街兩側：西華爾街、東五分埔的兩個世界

這條大馬路再往前一點就到聖奔抖捷運站，很有趣的是，以美景街（Rua Boa Vista）為界的左右兩側，一邊是國內外大型銀行與金融證券的駐點，每分鐘的股市數字上下不輸紐約華爾街，另一邊則是全巴西最大的批發貨品大街，規模遠大於咱們的五分埔，恍如東西兩個不同世界。

既然有藍領也有白領，這麼大條的馬路不拿來做巴西人最愛的示威行動就太可惜了，雖然比不上保利士達大道那麼寬廣舒適，但對小型抗爭來說，倒是綽綽有餘。閒妻夫以前的公司就在這一帶，明明離家不過開車十幾分鐘的距離，一遇上突如其來的遊行抗爭，上班就得晚半個鐘頭以上。有一年的嘉年華之前，閒妻帶著難得來巴西玩耍的妹

妹從自由區一路逛過來，在校園庭院廣場就聽到前方在敲鑼打鼓，趕緊上前問了街上的警察，是不是街頭嘉年華要開始了？正開心逮到機會讓妹妹感受最平民的狂歡節遊行，馬上被警察吐槽，「街頭嘉年華？前面是無土地農民組織又在抗爭了啦，小姐，你以為是嘉年華喔？」

警察先生，有必要笑那麼大聲還揪同事來聽嗎？最沒力的是，講到嘉年華時，他老兄還給我兩手比跳舞「耶！耶！」的手勢，吼，工作壓力有大到要拿本姑娘尋開心就是了。好啦，那我到底能不能過去銀行街徒步區那家超好吃的葡式甜點店，有沒有封街啦？

「喔，好啦，不好意思，可以過啦，只有封一小段而已，要看街頭嘉年華，今晚在日本城有啦，晚點你們再繞回去日本城看看。」

好囉，其實聖保羅的警察多半還滿和氣的，至少比起美國那些愛開我罰單的臭臉警察好多了，偶爾還

美景街一側大型銀行和金融機構林立，儼然就是巴西的華爾街。

會跟你搞個笑。沒錯，閒妻到銀行街的目的不是去看大老闆們的直昇機有多炫，也沒那個錢來買賣股票，而是大吃特吃道地又美味的葡式甜點啦！

這家傳統葡式甜點店——瑪蒂爾達之家（Casa Mathilde），有著自一八五〇年傳承下來的皇家手藝，就位於銀行街徒步區裡的廣場轉角。乾淨明亮的大廳襯著甜甜的現烤香味，右邊是一整排的鹹、甜點玻璃櫃，左邊是舒適的沙發區，後頭的透明櫥窗內是工作區，可以看到點心師傅們帶著幸福的笑容，為剛出爐的葡式蛋塔做最後的點綴。閒妻喜歡坐在二樓窗口，邊吃著我最愛的餐巾紙蛋糕（guardanapo），配著義式濃縮咖啡，開著電腦假裝認真寫稿，多數時間卻在觀察充滿歐式建築廣場上來來往往的人們。在報攤買本雜誌匆匆離去的上班族、身上掛著大板子高喊世界末日近了的老伯，還有蹲在路邊賣二手書的小弟……，偶爾看著看著，會讓自己進入錯亂的時空，

瑪蒂爾達之家有著最傳統的葡式甜點，年輕師傅開懷的笑容，保證一盤盤金黃色的葡式蛋塔個個好吃。

想像著其實身處數十年前歐洲某個街角的咖啡廳，直到閒妻夫傳line通知該回家了，才趕緊拉回到現實，快去排隊加買幾個葡式蛋塔和千層蛋糕（mil folhas）回去孝敬老公。

三月二十五街：華人聚集的批發市場大本營

從聖奔抖捷運站東邊的斜坡下去，是全巴西最大的批發商聚集地，以位於中心的三月二十五街（Rua 25 de Março）四散往捷運路斯站（Luz）方向的整個大區塊，舉凡衣服、首飾、皮箱、雜貨……，什麼都有，巴西從南到北的店家，就連里約批發街薩阿拉的商家，幾乎都是特地跑來這裡批貨回去賣。比起里約僅有少少幾家店會說華語，這裡真的是大多數店家講中文攏嘛通。二〇〇八年由黃秋生和閒妻很愛的帥哥小田切讓拍的香港電影《蕩寇》，就是以這邊早期的亞洲黑幫生態為主題拍攝，許多本地僑胞都去做了臨演，過過電影癮。

這裡的東西很便宜，多半為進口自大陸的廉價品。怕走在路上被搶，巴西女生很愛買些假首飾裝扮自己，用壞了就丟，再換新的流行款式，耗損率大的皮箱和假皮包包也都是熱銷貨，還有哈瓦仕拖鞋的過季或瑕疵商品，像菜市場一樣擺在大花車上便宜賣。巴西各地的紀念品，包括耶穌山的鑰匙圈、巴西足球國家代表隊的球衣、巴西國旗圖案

熱鬧滾滾的批發大本營——三月二十五街，已儼然成了華人聚集之處。

的各式產品，什麼都有。對觀光客來說，這裡或許沒什麼特別好買的，但對移民來此的華人來說，這裡除了是做批發生意的重點區段外，商場裡還提供了很多便利服務，像是便宜的中餐客飯、翻譯、公證、初級葡文教學等，都可以在這找到。

閒妻來辦文件時，會在街上的雜貨批發店順手買輛提菜車，購物商場一台七、八十巴幣，超市四、五十，在這裡大約只要二十至三十左右，拉著走到市立傳統市場（Mercado Municipal），吃點道地美味的巴西小吃，再採買一堆難得的海鮮和雞腳回家給閒妻夫補一補。

大市場：葡、義、日同台飆美味

市立傳統市場又名大市場（Mercadão），分為兩棟，一棟主賣蔬果，從半夜開始到早上六點就收攤了，多為餐廳或街上市集的廠商來批貨。面對大街上的另一棟就很觀光化了，作為地標之一的建築物，這裡也是聖保羅旅遊中心的駐點之一，在側門有提供英、葡文的聖保羅地圖和各式觀光資訊。閒妻媽來的話，一定得到遊客中心旁的雜糧攤光顧，這兒有論斤賣的純正紅糖，可不是外頭超市隨便買得到的，即使有也貴得要命，閒妻媽買的量多到我都懷疑她是來巴西批糖貨的廠商了。

聖保羅移民以葡萄牙、義大利和日本為主，地面層除了海鮮和肉類等生鮮材料外，一排排的店家以販售義大利橄欖油、起

大市場呈現的是一個地方人民最基本的飲食文化，生鮮、雜貨和巴西小吃，這裡一網打盡。

司、火腿及麵條等進口貨為主，中間夾雜些小吃店，賣的是義式火腿三明治（pão com mortadela）、各種口味的炸盒子等道地巴西小吃，一旁的水果攤會吆喝著找觀光客試吃，一切就是一大塊，一點也不小氣，因為他們的價格也不便宜，上回買了六顆大水梨和一小包櫻桃，上百塊巴幣就飛了，但一分錢一分貨，真的好甜。吃到喜歡的水果，不妨買點回旅館嗑，這裡有很多亞馬遜的果實，可是平時買不到的喔！

我們所謂的一樓，巴西人稱為地面層（T），二樓才是他們的一樓（primeiro andar）。之前和台裔巴西籍朋友約在大市場見，電話裡一直告訴她我在一樓，結果我們怎麼都遇不上，原來她在上層找我找不到，我也不懂怎麼明明約在樓梯口，就是見不到人影。大市場的挑空樓上全都是啤酒屋餐廳，既然就在捷運聖奔抖的東邊，西邊銀行街的上班族也常走過來這裡吃午餐，這裡的牛排客飯價格公道又好吃得不得了，配上一杯生啤酒，真是大滿足。

Tenko一條龍餐館

地址 / Rua dos Estudantes, 144
一條龍的菜色算是韓式中華風，巨型韭菜水餃一顆抵一般店家三顆，炒馬麵以滿滿的海鮮熬煮而成，蝦仁蛋炒飯也不能錯過，滷味大盤到不行。閒妻和閒妻夫每回點一碗炒馬麵和一盤滷味，吃不下打包回家，還能自己加麵再混一餐。台灣來的三兄弟老闆，週末會輪流到店裡坐鎮，所以偶爾國語、台語攏嘛通。有中文菜單。

校園庭院（Pátio do Colégio）

地址 / Praça Pateo do Collegio, 2, São Paulo
網址 / www.pateodocollegio.com.br
開放時間 / 上午八點四十至下午四點三十。博物館門票成人R$8，學生與教師R$4，公立學校師生R$2，老人與小孩免費。

瑪蒂爾達之家（Casa Mathilde）

地址 / Praça Antonio Prado, 76, São Paulo
網址 / casamathilde.com.br/pt

大市場（Mercadão）

地址 / Rua Cantareira, 306, São Paulo
網址 / www.oportaldomercadao.com.br（有英文頁面）
觀光棟開放時間 / 週一至週六上午六點至下午六點（生鮮區四點前就差不多打烊了，最好三點前到），週日及假日上午六點至下午四點。

便當屋
（Bento House，李叔叔的台日合併小居酒屋）

地址 / Praça da Liberdade, 266
位於捷運站出口、自由廣場旁的便當屋，看似傳統日本自助餐店，有生魚片、手卷、炒麵、漬物、炸天婦羅等平價日式食品，卻有華人才知道的隱藏版菜單，原來老闆李叔叔是台灣僑胞，每週都會親自滷些小菜，全聖保羅大概只有在便當屋才吃得到叫人懷念的滷豬耳朵。

吃喝玩樂小貼士

葡萄牙之家（Casa de Portugal）

地址 / Av. da Liberdade, 602, São Paulo
網址 / www.casadeportugalsp.com.br
圖書室開放時間 / 週一至週五上午九點至十二點，下午一點至五點半。

日本文化會館（巴西日本移民歷史博物館 O Museu Histórico da Imigração Japonesa no Brasil）

地址 / Rua Joaquim 381
移民博物館在日本文化會館的七、八、九樓，記載日本移民巴西百餘年來的歷史。會館一樓則是大禮堂，每年十月日本文化會館會舉辦巴西移民節，由二十餘個國家的移民後裔，在這裡擺設各國傳統美食與童玩攤位，並輪番表演各國傳統舞蹈，台灣的團體每年也受邀參與切磋演出。

巴西聖保羅華僑文教服務中心（客家會館）

地址 / Rua Sao Joaquim 460
電話 / 11-3203-1333
位於日本文化會館斜對面的文教中心，是和客家會合資興建的大樓，為兩個單位的共有資產。每年的國慶活動和僑界相關活動都在這棟大樓舉行，三樓亦設有圖書館，提供華僑免費借書。

聖保羅中華會館

地址 / Rua Conselheiro Furtado, 277
電話 / 11-3106-2656
從Rua Estudante往下走，經過一條龍餐館的十字路口左手邊，就能看到聖保羅中華會館，平時有開設中、葡文及桌球等課程。

製麵之家：Aska拉麵

地址 / Rua Galvão Bueno, 466 – Liberdade
這家拉麵店每天必排隊，除了麵條是日本老師傅傳下的自製手藝以外，最重要是它非常便宜，是聖保羅難得的平價美食。湯頭分為純雞湯和大骨湯，加麵為大碗只需加R$1，多年不變。因為華人客戶佔多數，有幾個巴西服務生還自學中文，運氣好時用中文點餐嘛耶通。有中文菜單。

Yoka日式巴西炸盒子

地址 / Rua Estudante, 37
在Rua Estudante上有一家巴西炸盒子專賣店，除了傳統的各式口味外，包了豆腐、魚板等東方口味的日式巴西炸盒子是一大特色。

聖保羅夜未眠

「有跳脫衣舞的酒吧？你確定要去？」

「對呀，之前好像在介紹巴西的書上有看到，記得那張照片就是有個沒穿衣服的舞孃在台上，台下有幾桌酒客，有男有女，而且那背景看來很像是洞穴的感覺，我之前到西班牙塞維亞看佛朗明哥舞就是在類似的山洞酒吧，我就是想看那些最當地的庶民文化藝術。」

「嗯，啊，那個，應該不太一樣吧，你要去，我就帶你去囉，那……明天晚上十一點去接你。」

哇喔～好期待喔！除了森巴舞之外，還有什麼更道地的舞蹈在等著我呢？

上酒家：閒妻的巴西情色初體驗

車子經過奧古斯塔街（Rua Augusta），轉角有棟像城堡的建築物，上頭還有個越獄犯像蜘蛛人一樣掛在那裡，轉過去整條街都是霓虹燈，門口有穿黑西裝的壯漢看著。我進了其中一間，先付入場費，裡頭金碧輝煌，中間舞台有四面鏡，酒客們坐在四周的包廂沙發區，陸續有漂亮女子進舞池跳舞，怎麼感覺怪怪的，和想像中的鄉間酒吧不太一樣，倒有點像古惑仔電影裡有小姐坐檯的金錢豹之類的。坐了一會兒，帥氣的領檯經理過來點酒和詢問意見，哪個女生好看？嗯，那個前凸後翹的金髮妞吧。為什麼問這個？沒多久金髮妞就來坐了。閒妻夫很害怕的閃到另一側，金髮妞坐到我和另一位男性朋友的中間，絲毫不理會在場會葡文的那幾個大男生，一直以很生硬的英文笑著和閒妻閒聊，短短幾分鐘就得走了，臨走前塞了張寫了電話號碼的紙條給我，「你回台灣之前找個白天打電話給我，我們可以一起吃午餐。」欸～交到巴西朋友了？

午夜降臨，舞池裡的性感妞兒一一退下，表演終於要開始了。咦，怎麼一上場就光溜溜？不是應該一件一件來嗎？咦，為什麼還有裸男上場？等一下，他們到底在跳什麼？這……真的是巴西在地文化嗎？根本是情色場所吧！

「這本來就不是什麼在地文化，所以我才問你確定嗎？」閒妻夫很無奈的說。

誤入聖保羅酒家看了場性感熱舞，也算開了眼界，而當年的情色城堡（右圖）現已夷為平地了。

搞了半天，這就是金錢豹沒錯。唉喲，怪不得剛才的金髮妞回到舞池後，經理對她指了某一桌，她向對方揮了揮手轉身就走，原來是價碼五百，不要免談的意思。那，為什麼塞電話給我？甚至在洗手間遇上她和其他幾個妞時，還很熱情地要我記得找她們吃飯？本姑娘可沒那五百塊巴幣跟她吃頓飯啊！幾年之後，朋友借了我一本《蠍子的甜蜜毒藥》，內容正是一個巴西女生落入風塵的自傳，裡面提到這些女子平時很壓抑，其實比較喜歡和不一樣的女生交往，甚至享受更進一步的關係。喔~所以說，在她們眼裡，搞不清楚狀況的閒妻就像誤闖森林的可愛小白兔（硬要說自己可愛），完全被鎖定為紓壓的目標了，我還很認真的把她電話留了一年，想說以後有機會到巴西學葡文的話，有個女性朋友可以好好練會話，真是誤會大了。

話說此行最可憐的是閒妻夫，平時不參與應酬，此時居然為了把一個怪姐姐，得去問同事平時帶外地來的客戶去哪家脫衣舞酒吧比較安全，再找幾個去過的朋友陪同護駕，結果根本是烏龍一場。回家後，閒妻趕緊找到書中那張脫衣舞酒吧的照片，認真看了內文，唉呀，拍寫啦，它介紹的是里約海邊的紅燈區，男女通吃，所以圖裡才有男有女，害我看到有女客就以為是純藝術表演。那……像山洞的背景又是怎麼來的？圖中掛著大鏡子的土黃色牆壁真的和佛朗明哥舞的洞穴酒吧很像啊！再仔細瞧瞧照片，吼～那照片太古老了啦！圖說是跳脫衣舞的夜總會，但酒吧的裝潢老舊到像遠古時期，翻到後頁看看出版年分，民國七十九年初版，而且是翻譯書，原文不知幾百年前就出了。對啦，我是在二手書店好不容易買到的啦，你們知道當年要找巴西的旅遊書有多難嗎？

總之，我的聖保羅夜生活初體驗，完全是台中金錢豹一日遊的狀態，還不小心看到很傷眼的東西，回家心理建設了許久。

混劇場：探訪劇團大本營，天天都有好戲看

結婚之後，繼續我的被壓迫者劇場研究，發現波瓦當年發展出這套方法的小劇場

至今還存在於聖保羅，那個一九五〇年代巴西小劇場運動時引領風騷的「阿利那劇團」（Teatro Arena），我要看！趕緊找了地址給閒妻夫，吵鬧著要去那裡看戲。

「那個地方你不就很熟？」

很熟？巴西我哪都不認識，怎麼熟？

「它就在你最愛的酒家隔壁條街啊！」

什麼？我最愛的小劇場居然在聲色場所附近！也對，去里約時，被壓迫者劇場中心和幾個街頭劇團的團址不就位於紅燈區嗎？聖保羅當然也不例外。羅斯福廣場（Praça Roosevelt）東邊整排都是小劇場，廣場斜對角大馬路孔叟拉頌街（Rua da Consolação）那頭，一個轉角處就是阿利那劇團的所在地，對面三角地帶有個酒吧，當年這票發起小劇場運動和促進新音樂波薩諾瓦崛起的文人藝術家，就聚在那裡飲酒談笑兼創作（靈感總在黃湯下肚之後發生嗎？）。再過去的整條街也都是餐廳、酒吧，不知幾時開始，小劇場街後面那條街就開滿了酒店，以此為中心往四周的方圓五里也聚集了不少阻街女郎和變裝皇后，閒妻相信，至少在一九九〇年以前就存在好一陣子了，因為那本二手書中居然有介紹到我們誤闖的那間酒家。

等一下，什麼叫「我最愛的酒家」？那只是一場誤會啦！就不能把它當做一場夢let it go嗎？啾！

某日，閒妻在保利士達大道上閒晃，看到兩個人手上拿本雜誌在大街上拉客，喔，不，是推銷。放雜誌的小檯子上寫著「免費看戲」。免費耶，又和戲劇相關，自然馬上把閒妻給勾了過去，雖然當時的葡文還很破爛，但大致聽出他們的意思是訂這本雜誌半年，可以憑會員卡使用裡面的折價券，每個月免費看十幾齣戲，同一齣戲要看第二次的話半價優惠。對於愛看戲的閒妻來說，這不是超好康嗎？為了把會員費賺回來，閒妻決定每個月至少要看兩、三齣戲。

這些小劇場多半集中在孔叟拉頌街和小劇場街一帶，還有的在一些大學或高中的實驗劇場裡。事隔幾年再回到小劇場街看戲，喲，那棟有逃犯的城堡沒了，變成藝文中心的預定工地，街上的春色也少了，莫非當時為了迎接二〇一四年世界盃足球賽，里約大整頓，聖保羅也跟上了？

能夠安心看戲真的是令人開心的事，只是當天運氣也太不好，看個戲也踩到地雷，那晚的免費戲竟是一個中年老頭的裸體脫口秀。喂，雜誌上可不是這樣介紹的！一個穿著西裝的阿伯拿著公事包走上舞台，鑽進了台上的木箱子，猛然就脫光跳出來，整場在那兒甩啊甩，閒妻夫轉過頭很無力的白了閒妻一眼，閒妻只能心裡不斷禱告，拜託他盡量待在那個箱子裡吧，本姑娘也不想整齣戲都撇過頭盯著隔壁觀眾看啊，脖子都快扭到了。唯一的收穫是，經過這場戲無止盡的髒話攻擊，我終於聽懂每次看足球時，旁邊這

位仁兄常高聲大罵的是些什麼難聽話了。算收穫嗎？唉，學了我也罵不出口啊～

聖保羅大多數的戲還是超棒的啦！想想，光聖保羅市內，每天晚上就有至少一百六十幾家大小劇場在輪番演出，整個聖保羅州有四百多間劇場，偶爾踩到地雷也是難免。閒妻就看過好幾齣很讚的戲，因此成了某幾個劇團的戲迷，葡文都還看不太懂，就買了劇團出的劇本回家收藏。

泡夜店：多元曲風high到最高點

除了看戲和逛酒家（喔，酒家真的是誤入啦），聖保羅年輕人的夜生活其實還滿豐富的，有知名ＤＪ主持的夜店，他們稱為「蹦阿起」（boate），就是蹦蹦跳跳阿袜起肖的地方，很好記吧？沒啦，不是所有夜店都會跳到起肖啦，還有個說法是「巴啦達」（balada），就是舞會的意思，不只黏巴達，什麼曲風都有。這些地方基本上和台北的夜店規矩差不多，付個入場費，進場分很多區，有不同的音樂風格，買酒另外付費，偶爾女士之夜女生不用入場費，進了場就各憑本事看有沒有人請喝酒了。別把夜店打上不良標籤，很多巴西人是在這兒找到真愛，聖保羅市觀光局還在旅遊官網上，介紹前三十名值得一去的市內夜店呢！

聖保羅的夜生活，一定不能錯過瑪達蕾拉鎮。

泡夜店還是年輕人居多。閒妻剛嫁過來時，因為個子嬌小，看不出歐巴桑年紀，往來的朋友都是小十幾歲的小女生，當閒妻夫和他的宅男同夥們窩在家打電動時，偶爾閒妻就跟著妹妹們去夜店狂歡。為什麼是偶爾呢？要是每逢閒妻夫去朋友家打電動，閒妻就出門的話，那我們家大概要天天唱空城了（真的是新婚夫婦嗎？唉）。總之呢，去了幾回，其實還滿有趣的，巴西的種族多元，連音樂都混雜了各國風情，有電音，有森巴，有流行樂，連鄉村歌曲都有，每逢播放某幾首全民歌曲時，大家都會齊唱副歌，high到最高點。第一次去時，發現好幾首大家會唱的high歌正好和我們婚禮after party跳的曲子一樣，還很驚喜自己也會唱，後來想想，那幾首葡文歌都是老公選的，這扮豬吃老虎裝老實的傢伙，原來也曾年少輕狂過嘛～

小劇場街延伸出來的奧古斯塔街往保利士達大道一帶，一方面是劇場藝文人士聚會區的關係，一方面鄰近多所大學，沿線都是年輕人的酒吧、電影院、百貨公司等。隨著妹妹們年齡漸長，大家的玩樂圈也從動態的唱跳轉往靜態的酒吧。瑪達蕾拉鎮（Vila Madalena）是上班族很愛的夜生活酒吧區，有好吃的法國小酒館，也有各式音樂風格的小酒吧。這一區有點像里約的薩務吉（當然，這裡比薩務吉安全多了），許多藝術家喜歡住在這裡，白天的巷弄間可以看到牆上有著色彩繽紛的塗鴉，還有幾間小巧可愛的畫廊兼咖啡廳。

賞夜景：佳餚、美酒相伴的聖保羅最美夜景

坐在四十二層樓高的鋼琴酒吧，落地窗外就是全聖保羅最美的市區夜景，小巧精緻的義式海鮮燉飯，佐以玫瑰紅酒（Rosé），在悠揚的鋼琴聲再加上矇矓的燈光襯托下，對面那位前一刻才在家裡求婚遭拒的男子，此時看來似乎也不是那麼孩子氣。右手不知何時被他牽了起來，微醺而慵懶地躺在舒適的沙發椅上，望著他嘴形不知在碎碎念了些什麼。隨便啦，這樣美的夜色，這樣溫暖而幸福的氛圍，好吧，什麼都好吧。然後……隔天一早酒醒就被拉去公證所登記公證結婚了！什麼狀況啊？

沒錯，這就是閒妻在沒有鮮花、鑽戒和下跪求婚之下，就莫名其妙把自己終生給賣了的地點——義大利景觀酒吧（Terraço Itália）。要拐妹妹的，晚上就帶來這喝酒吧！這棟象徵早期義大利移民的大樓，一般電梯只能到達四十一樓的義式餐廳，餐廳有出口往外面的觀景台，供客人前往觀賞聖保羅全景，而電梯旁有個隱密的樓梯，可以通往四十二樓的酒吧。進入酒吧，便浸淫在浪漫的氣氛之中，著西裝領結的經理與酒保，以最禮遇的態度為客人服務，不說葡文我都忘了他們也是平時大嗓門的巴西人。這裡時常會有些特別的活動，好比說義式燉飯嘉年華，請到義大利主廚做出四種不同口味的燉飯，以小小口的方式、精緻的盤飾，輪番上陣。以他們的服務、食材與酒的品質，有活

美酒、美食佐美景，義大利大樓四十二層樓鋼琴酒吧的浪漫夜景，哪個女子都無法抗拒。

動時真的物超所值，也或許是太划算了，這幾年來閒妻已很少收到該酒吧特別活動的消息。

好囉，正因為這片夜景對我們別具意義，咱們決定巴西場的婚宴就訂在四十一樓的宴會廳。沒啦，主要是因為聖保羅的飯店場地費都太貴了，原本只是想來看看而已，沒料到，這裡的宴會廳經理帶我們看了場地後，馬上幫我們打了五折。在巴西結婚，場地和宴客餐點等費用是分開計算的，也就是場地費一個，佈置費一個，音響和DJ又一個錢，連餐點都是另計，所以也可以場地訂這家，但叫的是別家的外

燴，於是在訂他們家餐點的附加條件下，給了我們場地費五折的優惠。在大家都對這裡知名美景與「貴三三」晚餐的印象之下，請在這裡真是太有面子了，殊不知咱們是為了撿便宜啊！呵呵呵……（白鳥麗子舉手抬頭四十五度角的得意笑容出現～）

婚宴結束，親友、同事們念念不忘的就是那美景，即使久居聖保羅，許多朋友竟是因為我們的婚宴才首次登上這棟大樓，享受繁華的聖保羅夜景。如果帶著女友或老婆來到聖保羅，這裡真是不能錯過的夜晚景點。就在這裡攻陷女友的心，讓老婆再度有戀愛的感覺吧！

吃喝玩樂小貼士

● 阿利那劇場（Teatro Arena）

地址 / Rua Teodoro Baima, 94, São Paulo

現為聖保羅藝術基金會所有，提供小劇場團體逐年申請使用，偶爾仍有戲劇演出，為一容納九十六名觀眾的小劇場。

● 義大利景觀台（Terraço Itália）

地址 / Av. Ipiranga, 344, 41-42 andar, São Paulo

網址 / www.terracoitalia.com.br

預約電話 / 11-2189-2929

上山下海放空去——讓聖保羅人離家出走的世外桃源

到處都是高樓大廈，除了賺錢就是花錢購物，難道，聖保羅就只剩下錢嗎？不，出了市區，要上山或下海隨你高興，聖保羅的近郊可是有玩不完的度假聖地。也難怪聖保羅一到週末就鬧空城，每週五晚上出市區的主要道路一定塞車塞到爆，三個小時？小意思啦！平時工作夠累了，即使塞車，週末也不想悶在城裡發慌。

山線：聖保羅人的後花園——小瑞士佐敦村

「好冷喔，怎麼巴西也有這麼冷的時候？」

「聖保羅就是這樣啊，冬天還是挺涼的。」

「是喔……」

「那我們上山去喝巧克力吧！」

「現在？晚上八點耶！開過去都幾點了？」

「還好啦，以前我常這樣，車一開上山吃個巧克力fondue就回來了，小瑞士嘛，不就聖保羅的後花園而已。」

真的是當時年紀輕，小夫妻倆說走就走，開了快三小時的車上山，趕在店家關門前叫了杯熱巧克力，再來盒簡易型瑞士巧克力鍋，草莓、香蕉沾上熱呼呼的熔岩巧克力，嗯～超滿足的，然後散散步就回家睡覺囉！啊～又要開三小時，老公，我先睡一下，你加油！

閒妻夫口中的「小瑞士」就在聖保羅近郊，是一處很不巴西的小村莊，從入城的大門開始，就能感受到童話故事般的歐洲風情，而它真正的名字是坎布斯·杜·佐敦村（Campos do Jordão）。因為離聖保羅很近，風景優美，遠離塵囂，被聖保羅人當作自家後花園，三不五時就到這度週末。閒妻家也不例外，尤其是有了狗女兒加入，想度假，上山是最好的選擇，大多數的民宿都收狗狗和主人同睡一間房。

佐敦村被稱為小瑞士是因為它的氣候、溫度都和阿爾卑斯山脈相似，來自法國、瑞士的歐裔特別適應此地，加上建村以來的房舍建築都以歐式風格為主，基本上就是

冬天裡來個熱呼呼的瑞士巧克力鍋，真是人生一大享受，小瑞士路邊的巧克力專賣店，還有簡易版供人邊散步邊享用（左圖）！

個小歐洲村，再加上本地產的巧克力聲名遠播，故以巧克力聞名的瑞士作為暱稱。這個小鎮春夏涼爽，山林間的野外活動種類繁多，辦完巴西婚禮後，帶著閒妻爸媽和姐姐上山，老人家享受大自然美景，我們年輕人（當時還年輕）騎馬、滾球加攀岩。到了秋季，市區廣場每年會舉辦戶外爵士音樂會，吸引許多文人雅士聚集。冬季，這裡是聖保羅唯一會冷到零度的地方，每隔三五步就有一間巧克力店，一串紅通通的大草莓，淋上巧克力噴泉上的濃漿，馬上被冷空氣凝結，成為美味的草莓巧克力葫蘆。

提到冬天的濃漿巧克力，就

叫人無法不去想念那熱呼呼又香濃可口的瑞士巧克力鍋（fondue de chocolate）。巴西人很愛香蕉和草莓，新鮮的切塊香蕉和草莓是每家巧克力店必備的簡易版巧克力鍋的基本食材，十元、二十元巴幣就能在路邊品嘗到暖暖甜甜的幸福感，咱小夫妻半夜殺上山吃的就是這個。各國風味的餐廳裡，正統的巧克力鍋是必備甜點之一，水果盤種類增色不少，葡萄、蘋果、哈蜜瓜都跟著奉上，多半採吃到飽方式，空的水果盤可以不斷換上滿盤水果，吃巧克力吃到膩都沒問題。

除了巧克力鍋，最經典的瑞士起司鍋當然也不容錯過。滿籃的小方塊法式麵包佐馬鈴薯塊或瑞士香腸，沾上濃稠的岩漿起司，很多巴西人就愛那股臭起司味，閒妻卻偏好油炸肉鍋，閒妻夫更不用說了，骨子裡就是正港台灣人，和我家老爸一樣，對滿鍋的起司沒太大興趣。油炸肉鍋裡燒著高溫熱油，切成一口吞的小塊菲力牛排、精選雞胸、瑞士香腸，再搭配數種祕製醬料，每一口都超讚的。

本地產的德國啤酒更是一絕，從清爽到苦澀，各式口味齊全。對於製作甜點和釀酒來說，水是一大重點，這裡的水質清澈甘甜，連巴西知名礦泉水品牌米

閒妻雖不愛麵包起司鍋，但這可是巴西人不願錯過的美味。

佐敦村處處洋溢著歐洲風情。

那把（Minalba）的泉水源也是在佐敦村。熱愛啤酒和烤肉的巴西人，在啤酒的品味上可是一點也不輸德國人，在這個小鎮以德國技術創造出巴西口味的本地啤酒品牌——巴登巴登啤酒廠（Cervejaria Baden Baden）乾脆還開了家德式啤酒屋，就在市中心的轉角，道地的德國豬腳和香腸，豪邁的配上本地啤酒，叫人怎麼抵擋得住誘惑？閒妻媽就在這喝了不少黑啤酒，她的理由是，聽說黑啤很健康，難得有本地釀造的，不嘗不行呀！怕喝出啤酒肚的妙齡女子也不用擔心，天冷之際，來杯暖呼呼的熱紅酒，從手心暖到肚子，健康又養顏美容。這裡還有個隱藏版好康，閒妻偷偷告訴大家：點熱紅酒，就送餐廳熱紅酒陶杯！送的可不是自己喝完的黏TT杯子，而是全新陶杯喔，記得臨走前向餐廳索取，這樣連紀念品都不用買了。只不過，這家熱門餐廳的排隊隊伍可是大勝鼎泰豐，很餓的話，最好考慮清楚再拿號碼牌。

吃飽喝足後，自然要來點撫慰人心的「心靈補給」啦！歐洲的工藝精湛是出了名的，充滿歐裔的小瑞士當然也不例外，整條街都是木雕或編織類手工藝品店，閒妻媽怎麼可能放過它們？不是說巴西很危險、很害怕嗎？大清早，老媽和閒妻姐從民宿出來散個步，發現這條手工藝品商店街後就逗留不走了，害我緊張得四處尋找。好啦，鄉下小鎮很安全，沒什麼好怕的，終於看到他們安心自在地玩耍，我也鬆了口氣。

由於擔心這三位老外初來乍到處於狀況外，出門前特地叮嚀長袖外套記得帶，別看聖保羅那麼熱，

走在佐敦村的市街上，是不是很像置身歐洲小鎮呢？

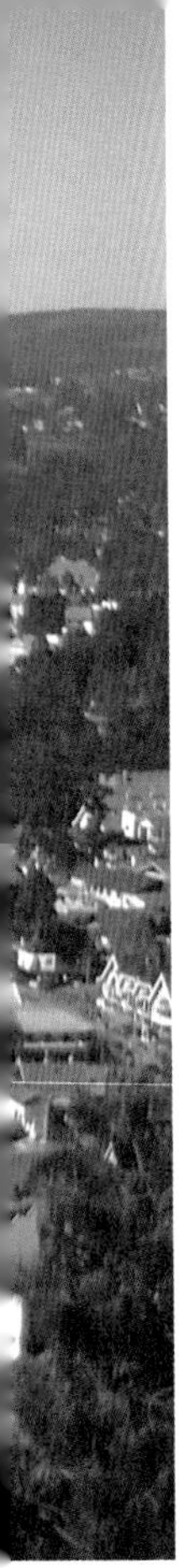

山上夜裡可冷的呢！結果……反倒是我這個新手在地人很白目，打包時汗流浹背昏了頭（一、二月分的聖保羅平地可是豔夏時節呢），一件保暖衣物都沒帶，至於閒妻夫這個道地當地人就更不可能有啦，而且自從拐到「某大姐」，他哪回出門自己打包過行李了？所幸這裡是全聖保羅極少數有在賣毛衣的城鎮，還能趕緊買兩件擋個幾天。

小鎮由中心往外發展的周圍山坡小徑都已被規畫為歐式觀光區，有小火車、花花馬車等觀光服務，還有單軌吊椅供遊客搭乘上大象之丘（Morro do Elefante），可以俯瞰整個佐敦村。而廣場外的山坡路也很精彩，從手工藝品、蜂蜜、牛奶糖、巧克力酒到針織布料，應有盡有。老媽買不停手，老爸倒是把我拉到一間不起眼的小店，「聞著很香，應該是這裡沒錯，看看是什麼？快叫來吃，餓死了。」哇，整座山丘上唯一一家賣炸盒子的小吃店也給你找到了，真不愧是一代名記者。咦~記者的鼻子應該是掌握新聞敏銳度的新聞鼻吧！喔，做為一個專業的資深記者，閒妻爸不僅培養出了新聞鼻，還有與生俱來的聞香鼻，真是什麼好吃的都逃不過他的鼻子。幸虧我們先搶了兩個加蛋的牛絞肉炸盒子給大家分著吃，待暫停採買的閒妻媽吃了兩口，還想再叫一份就賣完了。

佐敦村最吸引人的還是它的自然景觀，和米納斯州（Minas Gerais）另一個小鎮聖班朵．薩布卡依（São Bento do Sapucaí）的交界處，有一大一小的寶物岩（Pedra do

從大象之丘可以遠眺佐敦村全景。

Baú），山形就像中世紀專門收藏珍寶的木箱。開車到寶物岩步道入口處，走個十分鐘便可到達小寶物岩，要往大寶物岩至少要走三十分鐘，另外還有長達一、兩個小時的深山健行步道。

步道沿途完全沒有保護的欄杆，一路可真是又美又驚險。閒妻帶著狗女兒踏青，抱著她走到小寶物岩就已是極限，比較勇敢的旅客可以繼續沿著山稜線往大寶物岩走，但閒妻可沒那個膽，索性和大多數的遊客一起坐在小寶物岩上，從海拔一千八百米的高度俯瞰整片美景，享受微風與片刻的寧靜。

聽說後山的國家森林花園（Horto Florestal）也很美，但去過小瑞士不下十次的我們至今未踏進園區，都是因為狗狗不准入內啦！閒妻就不懂，大自然不就是讓寵物能自由奔跑放鬆的地方嗎？八成是巴西人隨手撿寵物便便的觀念不足，怕影響生態吧？好吧，小寶貝，咱們還是去海邊玩水吧！

壯觀的寶物岩成了聖保羅州和米納斯州的交界地標。

海線：聖西巴斯奇翁海岸逐浪撒野

「姐姐，去一趟里約回來，我還是覺得朱給意（Juquehy）的海灘比較美，又乾淨。」

是不是～別因為里約科帕卡巴那海灘的名氣大，就以為它了不起，咱聖保羅近郊的海岸線其實不輸里約，甚至比里約更有質感。

聖保羅雖然在高地上，但出了城往里約方向走，沿線的海灘美得不得了，最近的海邊是海港城桑多士（Santos），從市中心過去大約一個半小時的車程就到了，偶爾想打打牙祭，隨時殺過去也不算遠。這裡是貨櫃和大型船隻在聖保羅的主要港口，閒妻當年和閒妻夫搭乘嘉年華郵輪就是在這上下船，回聖保羅的長途公路上，我們的車子還爆了胎，所以對這條路的風景留下特別深刻的印象。在那之後，閒妻夫終於決定貸款換新車，應該是覺得載到太白目的妞，人家流著汗在豔陽下辛苦換輪胎，她不僅幫不了忙，還在後面拍照留念。

再往下走，就是聖保羅人的戲水聖地——瓜魯夏（Guarujá），近幾年已達到飽合，週末假日人多到和科帕卡巴那有拚。大部分的中產階級早就轉往上方的聖西巴斯奇翁海岸線（São Sebastião），沿線的海邊小鎮從朱給意、瑪瑞西亞絲（Maresias），再到美麗

島（Ilha Bela），細軟的白沙踩起來特別舒服，少了觀光區喧鬧的人潮，在海邊享受寧靜浪漫的黃昏，這才是人生啊！

美麗島是這條海岸線中最知名的觀光區，開車從聖西巴斯奇翁中心點的港口上船，連人帶車運往海中間的美麗島，待上一天就夠環島了。雖然島很小，但上面的民宿都很可愛，附早餐，也附下午茶。島上沿海岸的山邊公路上有很多面海的餐廳，港口邊有酒吧，唯一可惜的是，蚊子比大的，而且很毒。後來發現，島上的蚊子似乎比它的美景更出名，帶小朋友來一定要做好防蚊措施。

其實，閒妻之所以對聖西巴斯奇翁海岸線這麼瞭解，是因為……我想在海邊結婚啦～

在美國念書時，有個朋友在灣區的太浩湖（Lake Tahoe）辦婚禮，大伙前一天就住進湖邊小木屋，一起玩鬧、準備隔天的婚禮。典禮在浪漫的湖邊進行，新娘美麗的白紗襯著湖天一色的清澈藍，說句「我願意」，然後甩開捧花，咬過襪帶，大家一起飛奔沙地拍照留念，再回到湖邊搭好的花桌用餐，入口的生菜沙拉配上從太浩湖畔吹上來的細沙點綴，多浪漫又難忘的一天啊！

為了完成少女情懷的夢想，身為宅男代表的閒妻夫，開始調查從來沒注意過的海灘資訊，決定帶著即將過門的妞，在聖保羅近郊海岸線一路尋找婚禮場地。唉，真懷念

聖保羅近郊海岸線的美，一點也不輸里約的海灘。

婚前那位好男人，從找民宿、海邊餐廳到交通資訊，只要是在巴西的旅遊計畫全都一手包辦，曾幾何時，家裡所有的五四三早已變閒妻的份內事了（趕緊乖乖去泡茶奉上給老爺）。好啦，別再抱怨了，現在還是好男人啦！

我們以瑪瑞西亞絲為定點，選了間和海邊隔了條大馬路的後巷民宿（因為只要不是在海邊，房價差很大，房型好很多），房裡有按摩浴缸，附早餐和下午茶，原則上早餐是七點到十一點，沒錯，是十一點，巴西人太隨性，一放假就睡到不知幾百點還不想起床（對，我們家老公也是典型巴西個性，我結了婚才發現這個事實）。之前搭嘉年華遊輪時才誇張，最後一晚有兩個巴西男到了晚宴廳卻不知道自己該坐哪，餐廳經理告知座位打從第一天起就沒變過，巴西男居然回他：「誰八點起得來吃晚飯？我們今天是第一次來餐廳用晚餐。」誰會睡到晚上八點還不起來吃晚飯啊？就像「誰知道在巴西開車包包不能放副駕駛座」一樣，閒妻還真是長了見識。總之，這麼彈性的用餐時間真是太好了。起早的閒妻六點半就在民宿的院子閒晃，

美麗島上有著可愛的餐廳，以及享有豐富早餐和午茶的舒適民宿。

早餐一排好，先來吃個飽，自個兒一路亂逛，這條海岸線的小鎮都很安全，吹著海風悠閒散步，舒服極了。十點鐘開始搖晃床上那頭睡豬，民宿的早餐好豐盛，有水果、各種麵包、各式起司、各類火腿和炒蛋，還有手工蛋糕好幾塊，咖啡、果汁、茶和牛奶更是基本配備，快起來給我吃夠本。準十點五十五分坐下，民宿主人也不趕我們，更好康的是不像一般旅館得使用餐券，所以閒妻又跟著吃了一餐，這天的早飯、午飯都解決啦！

瑪瑞西亞絲很適合年輕人前往，海邊可以衝浪，晚上巷弄裡有電音派對，幾個朋友若合租一整棟含游泳池的房子，價格也不高，愈多人住分攤下來愈划算，還能買生肉和木炭回去，在游泳池畔邊烤肉邊開比基尼趴，只可惜，沒有「適合」的婚宴場地。有啦，在瑪瑞西亞絲最北端的海灘有家五星級旅館（Beach Hotel Maresias），將大片的沙灘圍成私人使用，每間房都有直通沙灘的陽台，房裡採藍白色的希臘風，牆上的裝飾是漂亮的海星和貝殼，蜜月套房還有露天按摩浴缸和灑落一地的玫瑰花瓣，真是美呆了。怎麼不適合呢？光場地費就要十萬巴幣！還不算外燴餐點、會場佈置、音響、ＤＪ等費用，別忘了，那個年代還是巴幣一比台幣十八的金磚時期喔！雖然我知道閒妻夫可能會想著就算賣血也要完成未來老婆的心願，但本姑娘生性節儉，即使是一生一次的夢想，還是有所為有所不可為啊！何況他已經夠瘦了，血牛看到他，應該會直接退貨吧。

開著車往回聖保羅的方向繼續探查，先來到砍不理（Cambury），嗯，只有一家旅館通道往海邊，整個社區也貌似未開發，謝謝，再連絡。不過，這是當年的狀況，幾年後和朋友再過去，海岸線都開發了，走幾步就有條巷道可通海邊。可惜，不准狗狗入內，我們家一向是狗女兒的需求優先，只好謝謝不連絡囉。

到了朱給意，真是太棒了！海邊餐廳的墨魚卷飯、鮮蝦燉飯和鮭魚手卷都好吃得不得了。循著當地觀光手冊找到一間直通沙灘的溫馨民宿，後院一側是游泳池，另一側是擺設躺椅的涼亭，中間通道直達沙灘，涼亭可作為婚禮見證的主場地，白紗毯鋪上，兩側綁蕾絲的客椅擺上，牧師站定位，海邊婚禮就成啦！這真是閒妻夢寐以求的浪漫婚禮呢！可是……整間民宿只有五間房，家人住一住就差不多了，客人呢？哎呀，隨便他們去旁邊租房子啦！至少開三個小時半的交通呢？嗯，再說啦！整套房子租下來，只要前面五星級飯店的一半，感覺好像划算許多，其實還是很貴。

正在猶豫之時，閒妻簽證到期，趕飛機回台灣繼續課業，而咱家閒妻夫平時很拖磨，這時手腳倒很快，某個週末居然揪了朋友殺到朱給意，就給它下訂了。哎喲，還沒算其他的成本耶，這隻三比八烏骨雞大概要論斤賣骨做雞湯了，但訂金都付了也不能退，只好當預購禮券放著，以後再來住了。

雖然無緣在這舉辦浪漫婚禮，但婚禮隔天就帶著閒妻爸媽和姐姐直奔朱給意，可不能浪費咱們的住宿券哪。朱給意真是人人稱讚的好地方，閒妻媽一早起來就躺在陽台的

朱給意有可以直奔沙灘的民宿，想想，在海邊的涼亭說著「我願意」，再攜手奔向海洋，多麼浪漫啊！

吊床上看書、聽海；閒妻爸天還沒亮就在沙灘慢跑，眼見太陽露臉，就跟著太陽跑，一路上還作了首〈奔向太陽〉的詩；閒妻姐姐倒是在商場搶購了不少款式獨特的比基尼回台灣。前陣子妹妹和妹夫來玩，閒妻又安排了朱給意海灘之旅，小倆口曬得像印第安原住民，好不盡興，甚至去了一趟里約回來，都還是認定朱給意的海灘最舒服又安心。最重要的是，因為這區有很多海灘尚未開發，沒有禁止寵物入內的牌子，咱家狗女兒就在這感受她的下海初體驗，溼答答的小白狗膽小入水的樣子，超可愛的啦！

吃喝玩樂 小貼士

● 小瑞士官網
網址 / www.camposdojordao.com.br

● 巴登巴登啤酒廠（Cervejaria Baden Baden）
地址 / Av. Matheus da Costa Pinto, 1856, Vila Santa Cruz
網址 / www.badenbaden.com.br
酒廠參觀行程 / 每天上午十點開放至下午五點，每人R$15，一小時的旅程結束可獲紀念品一份。

● 大象之丘電車（Teleférico/Morro do Elefante）
僅週末及假日早上九點至下午五點開放，每人R$10。

● 森林花園（Horto Florestal）
網址 / www.camposdojordaohortoflorestal.com
除週三外，每日上午九點開放至下午四點，每人門票R$6，小客車另加R$6入園費，休旅車另加R$11，寵物不得入內。

● 聖西巴斯奇翁海岸線（São Sebastião）
> 聖西巴斯奇翁海岸線官網：www.saosebastiaosp.com.br/praias.asp
> 美麗島官網：www.ilhabela.com.br
> 砍不理海灘官網：www.camburi.com.br

AMAZONAS

latin america

CHAPTER

2

BRAZIL STYLE

跟著閒妻湊熱鬧

熱情奔放嘉年華

到了巴西，怎能不去參加重要的慶典嘉年華會呢？這可是人生中必定要嘗試一次的to do list。衝著這一點，閒妻就掉進閒妻夫的第一個陷阱，再度踏上二萬五千海哩的超遙遠旅途……

原以為一趟研討會之後，閒妻這輩子再也不會跑到大老遠的巴西，沒想到只見過幾次面的閒妻夫跨海追求，竟拿巴西嘉年華做誘餌。他說：「你既然是研究戲劇的，沒看過巴西嘉年華太可惜了，上次來的時候沒碰上，怎麼說年底也得再來一趟專程看嘉年華，才算真的來過巴西。」

喔？是這樣嗎？好像滿有道理的，於是乎，閒妻的第二趟巴西之旅又啟動了。據閒妻夫指出，為了讓我感受各地嘉年華會的不同，他特地訂了巴西本地的嘉年華遊輪，那艘船的主題真的就叫嘉年華（Carnaval），貌似每晚都會停在不同城市的港口，讓船客們在各個城市夜夜笙歌、狂歡一陣。

謝肉祭華麗大變身

狂歡節（嘉年華的原譯，英文為carnival，葡文為carnaval）的由來可以追溯到中世紀歐洲天主教的「謝肉祭」，為了補償即將開始禁肉、禁各項娛樂的四十天守齋期，特地預先大吃大喝兼狂歡作樂。在這幾天裡，人們可以戴著面具、裝扮成和平時毫不相干的身分，貴族可以扮成乞丐，乞丐可以扮成國王，主人和奴隸亦可對調身分，宣洩積累一年的壓力，大肆喧鬧百無禁忌。

十八世紀時，一群非洲外海葡萄牙屬地馬德拉群島（Madeira）的葡萄牙移民，將狂歡節階級身分錯置的習俗帶到巴西，讓他們自非洲引進的黑奴們在這一天獲得放鬆的機會，一同在街上彈奏葡萄牙樂器，唱歌跳舞，同時以麵粉、有色香料將自己化裝為另一個角色，或以鍋碗瓢盆互相打鬧。後來因為許多奴隸趁機逃跑或作亂，活動數度被官方禁止，但每年固定時節，黑奴們仍私底下聚會，以歌舞苦中作樂。

一八八八年，當時的巴西攝政王裴德羅一世，藉著返回葡萄牙做施政報告時，授權在巴西的伊莎貝爾公主（Isabel）簽署解放黑奴宣言（這招很厲害，假女兒之手施行

熱情奔放的嘉年華，原就屬於人民百姓，每年狂歡節時期，全巴西的街上都充滿歡樂，你還沒準備好一起來大跳森巴舞嗎？

皇家不會同意的政策，一句「年輕人翅膀硬了，管不動了，不干我事」就能撇得一乾二淨。幹得好啊，老裴！）。自此，黑人的地下狂歡節搬上了檯面，成為巴西慶祝解放黑奴的重要節慶，歐洲狂歡節的特點蕩然無存，取而代之的是解放後無盡的歡樂。

起初，這場慶典只是大家固定在狂歡節時齊聚街頭作樂，有人打著非洲鼓、彈奏本土樂器貝鈴寶，有人跟著歡唱，有人加入大跳森巴舞，甚至將早年逃跑的黑奴為抵禦白人逮捕而研發的巴西武術，改編為充滿力與美的巴西戰舞（capoeira）融入歌舞。漸漸地，隨性歡樂的街頭活動轉型為現今我們在電視上看到的絢麗嘉年華，而舞者們穿著火辣、頂著火雞冠頭又扭又跳，還帶著大隊人馬和一輛輛超豪華花車遊街舞動，則是來自里約熱內盧這個美麗的海港城。

一九二八年，里約當地的一名森巴舞者伊斯梅爾・席爾瓦（Ismael Silva）和其他幾個藝文朋友組成一支名叫「讓他說」（Deixa Falar）的隊伍，他們以紅、白色為基底，將自己和卡車打扮得花枝招展，趁著嘉年華時期開著車子遊街，舞者們穿著火辣，在車上又唱又跳，成為狂歡節的另類風潮，吸引當地居民紛紛跟進。由於這個以森巴舞為主軸的團隊積極推動社區藝術，鼓勵社區民眾藉嘉年華的盛事發揮自我創造力，加上其駐點位於一所師範學校附近，於是被定義為第一所森巴學校（escola de samba），爾後的嘉年華便逐漸演變為由陸續興起的森巴學校輪番在街頭爭奇鬥豔。起初，森巴舞學校競賽僅有小型的花車，參與者的舞蹈也較簡單，重點在於歡樂與激起民眾的創意，幾十年後的今天，參與街頭演出的學校競爭愈發激烈，擁有高度藝術專業性的學校進入了會場，形成現在國際知名的華麗賽事，每年吸引世界各地大批的觀光客來朝聖。

巴西嘉年華每年大約在我們農曆年間（國曆一月底、二月中之間）展開，全巴西都進入狂歡的情緒，除了里約和聖保羅的森巴遊行競賽外，從南到北都有不同的狂歡形式。以晚期歐裔移民為主的南部，帶點威尼斯嘉年華的色彩，以精緻的面具與華服舉行優雅的舞會。中部及北部是印第安人及各族群混血後的巴西人群聚地，融合了對天主教聖母崇拜及早期原住民信仰，以儀式跪拜敬神，有時哭喊，有時達到狂喜的境界。鄉下的小村落則延續里約最早的街頭形式，鄉公所會租借卡車，彩繪當年的主題，在嘉年華期間的幾個夜晚大放音樂，在村子裡的主要街道遊行，村民們則跟在卡車後一同唱歌跳舞，沿路的小酒吧亦擠滿居民，吃著烤肉、喝著啤酒，當卡車經過時，便隨之起舞歡唱。人生最樂不過如此。

巴西南部的嘉年華仍保有歐洲貴族風格。

嘉年華遊輪～你要帶我去哪？

想到即將走訪各地不同風情的巴西嘉年華，閒妻就興奮得不得了！抱著超級期待的心情開始打包。

記得多年前和家人乘坐阿拉斯加遊輪時，規定晚餐時間及觀賞船上各劇場演出時都必須著正式服裝，那麼這番登上嘉年華遊輪，當然是有幾個晚上就包幾件晚禮服或小洋裝，其他像高跟鞋、休閒鞋、短褲、短袖、比基尼，自然都不能少。誰料，隨性慣了的巴西人根本不來這套。第一晚，閒妻夫被逼著穿上為此趟旅程而買的西裝和皮鞋，進了晚宴廳才發現只有我們盛裝打扮，其他船客不穿短褲、拖鞋就很給面子了，加上咱倆又是唯一的一對東方人，看來更是顯眼。看到閒妻夫臉都綠了，閒妻只好每逢遇上穿裙裝搭高跟涼鞋的路人，就指給閒妻夫看，「還是有人跟我們一樣很重視晚餐儀容的啦，OK、OK的～」（雖然放眼全船，還是沒有一位男性穿西裝打領帶。拍寫啦～小女子不熟巴西文化嘛！）

遊輪上每晚都有不同主題的嘉年華舞會，今晚在台上帶動唱跳的是卡通人物，明晚可能以當地的政治人物造型登場，每天都會停靠一個城市，從聖保羅的桑多士海港出發，停靠里約州的海邊小村落布希歐（Buzio），再到北部巴伊亞州的首府薩爾瓦多

酒池肉林的假期生活，可以帶你優游海上、縱情狂歡的嘉年華遊輪。

（Salvador）。薩爾瓦多不愧為號稱「上帝遺忘的一片淨土」，說它是全巴西最美的海邊城市也不為過，細白的沙灘，蔚藍的海水，還有充滿歷史痕跡的美麗葡式舊城，最重要的是，滿滿美味的海鮮和道地北部料理，若非它同時也是全巴西治安最差的城市，閒妻還真想一去再去。

雖然日日美食、美景好不愜意，可是……怎麼一站站過去了，一場當地嘉年華都沒看到？在旅程即將結束的前兩天，閒妻夫終於開金口詢問船上的公關人員，這一問可傻眼了。

原來大多數的聖保羅人其實並不喜歡參與狂歡節的遊行或活動，對這些平時辛苦賺錢的中產階級來說，這正是難得的長假，離那些敲鑼打鼓喧鬧的隊伍愈遠愈好，只想圖個清靜。所以這艘名為嘉年華的遊輪，實為逃避嘉年華的遊輪，刻意迴避各城鎮舉辦嘉年華的日子下船，其他時間留在船上，享受海上游泳池畔的悠閒，以及遵行狂歡節大吃大喝的宗旨，吃喝享用不盡的烤肉串和各式調酒，過著酒池肉林的日子。媽咪呀～這單純是養肥計畫吧！

閒妻夫很尷尬的一字一句慢慢翻譯給閒妻聽，驚嚇指數已破表的我，眼睛張得比牛蛙眼還大，不經大腦的吐了一句：「我，不就是專程來看嘉年華的嗎？」well，雖然對因自責不已而漲紅臉的這位仁兄不太好意思，but，我真的是為了嘉年華才大老遠飛過半個地球跑來的！不管，人家就是想看啦！

●純樸親切的漁村嘉年華

為了多少完成點閒妻的心願，閒妻夫再度詢問任何參加當地嘉年華遊行的可能性，大的、小的、再破爛的都可以，總算問到最後一站馬瑟歐（Maceio）附近有個小漁村，當天晚上正好有最後一場遊行，但那不在下船的港口邊，得坐一段計程車出城。為了還未娶過門的妞，再遠也得去（娶過門後就放家裡供著，要出外旅遊麻煩自己安排訂位囉）。

一下船，我們就直奔港口排隊的計程車，一位黝黑的壯漢正好來自那個小漁村，雖然很樂意做這筆遠程生意，卻也不免為這對東方面孔觀光客擔心，一路上提醒我們一定要注意安全，一發現不對勁就往警察站跑。司機大哥將我們放在村子的入口處，從臨時搭建的七彩木板門楣，看得出來是嘉年華遊行的起點。司機大哥再三提醒我們維持在主要街道上逛，尤其入夜以後，千萬別走進左右暗巷，還帶我們買了張電話卡，要我們打算離開前，用公共電話打電話叫他，既然都回家了，他要去找心愛的女友談個戀愛再來接我們。

我們在太陽下山前逛了大街，每家每戶幾乎都掛出自製的大型傀儡在門口，孩子們將自己打扮成小精靈、蝴蝶姑娘，等候著遊行的開始。一會兒工夫就把主要街道走完了，卻什麼紀念品都沒買到，這村子真的太小了，平時根本也沒有外來客，我們這兩個突兀的東方人，倒反而像是嘉年華的吉祥物供人觀賞。有群青少年在旁吱吱喳喳，終於一個金髮男孩鼓起勇氣過來搭訕，問我們是不是日本人（在巴西，多數人只要看到東方人就以為是日本人），閒妻夫已經以葡文否認，他仍堅持用日文和我們溝通。搞了半天，他在學校有學點日文，想逮住這個八百年難得一見的機會，在同儕面前炫耀一番。閒妻只好用我那破爛的日文夾雜流利的英文回他，「不是啦，我們不是日本人，是台灣人。」「台灣？那是什麼？在日本嗎？你們說日文吧！」「不是啦，我們說中文啦，唉唷，好啦，和日本很近啦。」雞同鴨講一番，這位愛現哥終於以英雄之姿回去接受小妞們的歡呼，成為全村第一個和外國人對話的勇士（雖然我極度不相信我們之間有達到雙向的溝通）。

太陽下了山，我們很乖巧的找了一家在門口放有桌椅的小店，餓腸轆轆的閒妻這幾天還沒餓這麼久過，閒妻夫向老闆要了啤酒，順道問問有沒有好吃的，老闆看著我們很為難的說，店裡只有本地人吃的便宜東西，應該不合觀光客的口味。一聽到本地人口味，眼睛一亮，這麼道地的菜餚怎能錯過？我趕緊一個箭步跟進屋子，一鍋鍋打開檢查，高麗菜燉牛雜、羅宋牛尾湯、藜麥雜糧飯，還有炸雞……，拜託，這些小吃比起船上超沒特色的排餐美味多了好嗎？

熱情純樸的漁村嘉年華，沒有華麗的裝飾，卻有讓人不自覺隨之起舞的在地魅力。

好囉，這一趟果然不虛此行，雖然沒有電視上看到的閃亮花車，也沒有金包銀胸貼上身的雞冠辣妹抖動胸前脂肪，卻有著村民們純樸的笑容，以及熱情邀約共舞，這樣道地且貼近平民的鄉間嘉年華，實在可遇不可求。

回頭想想，他老兄該不會是故意的吧？這次沒看成里約、聖保羅的重頭戲，豈不是下次還得再來？怎麼甩也甩不掉閒妻夫的追求了。果不其然，隔年乾脆把我拐來念語言學校，「順道」參加聖保羅的嘉年華會。

萬花競豔的聖保羅和里約

聖保羅的嘉年華遊行競賽和里約齊名，不早早買票是不行的。當時也搞不清楚狀況的閒妻夫，在開場前幾天帶著我直奔會場阿尼耶比（Anhembi）門口的售票亭碰運氣，一下車就被黃牛纏上，閒妻夫堅持要到票口買票，才發現果然買不到票了，只好回去選了個面相看來較和善的黃牛周旋。買了兩張幾所知名森巴學校出場那天的票，婚前很機靈又貼心的閒妻夫順道問了黃牛有沒

有機會進森巴學校看彩排，還居然真的有管道！原來這些黃牛大多是森巴學校派出來的業務員，他們販賣的票其實是大會分發給各校的免費配額，或是以貧民區學童學生證事先搶購的半價票，所以會殺價的就算殺到與一般全票原價相同，他們也有得賺。這隻黃牛來自一個小隊——裴魯奇聯盟（Unidos do Peruche），總是在第一輪賽的後面幾名盤旋，相對地，他們的成員也比較謙遜客氣。

黃牛大哥和我們約了某日晚上在該校所屬的貧民社區附近較安全的一個路口會合，再搭我們的車指引我們到學校參觀。他從總理、音樂總監、指揮到學鼓的小朋友，都一一介紹，還帶我們參觀鼓樂隊樂器室、森巴練習場、廚房、服裝縫製區等，認真為我們解說每個環結。我才發現，聖保羅的森巴學校真不簡單，原來在遊行隊伍絢麗的外表下，隱藏著各貧民社區的社會服務工作。這些森巴學校提供了許多工作機會，從作詞曲、

參觀過森巴學校，才知道原來華麗的背後還有那麼多幕後祕辛。

樂隊指揮、縫製服裝、清掃等，都是有薪職，平日除了提供有心學習的孩童鼓樂及舞蹈等免費訓練課程外，並固定發放免費餐點或白米、麵粉、豆類等巴西主食材給需要的家庭，學校的收入則來自於支持者的捐款、企業贊助，或向想圓夢參與遊行的中產階級收取高額服裝費及參與彩排的學費，以及每年比賽得獎的獎金。也就是說，比賽不只是志在參加，而是一定要得獎或進入前幾名。如此一來，不僅能獲得優渥的獎金，所能吸引到的廣告商及企業贊助，才足以支付整年度的開銷。

這樣的內幕實在太感人了，閒妻當下差點淚奔。當該隊總監問到我們買哪天的票時，發現我們買的正好不是他們演出的那一天，一排成員在黝黑的臉上露出白白的牙齒對著我們微笑著，看著一雙雙期待的眼神，好吧，再跟他買兩張該隊演出當天的門票，算是支持社區服務和感謝導覽的小小心意吧。

多賣了兩張票，很開心的黃牛大哥超盡責，又帶我們去了兩家熟識的森巴學校參觀和喝啤酒，到了晚上十點多，還領著我們進去正準備總彩排的大湯姆森巴學校（Tom Maior）練習會場。彩排都是在夜裡，要進入會場必需有認識的人一一領入，並檢查身上有無違禁品。一進場就可聽到鼓樂隊在分段練習，等到正式彩排時，所有人依自己的進場排序集合，由拉森巴的主唱主持總彩排開場，每個人必需坐正，待主持人一聲令

華麗的花車和鼓樂隊，一生一定要來一次的巴西嘉年華會。

花車上的舞者與歌手要持續表演近一小時，實在不簡單。

下，做出像印第安人向天朝拜的動作，雙手舉高再匍匐跪拜的儀式。每個森巴學校的遊行都會有一個自訂的主題，所有的花車造型、歌曲編唱及舞蹈編排發想，都與當年的主題環環相扣，在第一台花車上站滿了歌手，他們不斷重覆演唱至表演結束（近一小時），而其中的主唱就被稱為「拉森巴的人」，他和鼓樂隊指揮是全隊的靈魂人物，掌控著整段遊行的節奏。

正式演出將所有隊伍分兩天進行，說是晚上九點開場，其實都拖到快十一點，跳到早上快七點，稱之為長期抗戰也不為過。閒妻跟著跳到凌晨五點就快掛了，看著旁邊的小女孩早已席地而睡，心裡暗自決定，隔天一定要準備好枕頭和小被被再來。

嫁到巴西後，因為採訪工作，才發現其實我們家社區就有個很出名的街頭嘉年華組織，根本走下樓就能看到免費的遊行，雖然頂著雞冠頭、插著孔雀羽毛的森巴女郎沒有會場裡的名模們豔麗，花車也只有一、兩台做簡單的裝飾，但熱情不減。

在里約和聖保羅兩大城市，嘉年華期間每天不同時段都有街頭遊行，尤其在里約的各大海灘特別熱鬧，把進場的高額門票錢省下來多買兩瓶啤酒，在街頭感受最貼近平民的街頭慶典，也不失為一項好選擇。倒是單身的曠男怨女們可得特別小心，雖說巴西政府每年於嘉年華期間都發出至少千萬個免費保險套，但酒後意亂情迷之下，通常意外也隨之發生，一個不小心，九個月後各醫院的婦產科又一床難求囉……

嘉年華 小貼士

里約會場(Sambódromo da Marquês de Sapucaí)

地址 / Rua Marquês de Sapucaí - Santo Cristo, Rio de Janeiro

網址 / rio-carnaval.net

又名Passarela Professor Darcy Ribeiro，用來向里約前文化部長、同時為人類學家的達爾西·希貝羅(Darcy Ribeiro)致敬。該建築由國際知名的巴西建築師奧斯卡·尼邁耶設計，二〇一六年的奧運也有多場賽事在該會場進行。

強烈建議在網路上買好票，一來不怕當場買不到好位置，二來也較為安全。里約的嘉年華會場位於很危險的舊區，閒妻第一次去時是請了當地司機兼導遊帶著去看彩排，連當地人晚上到那一區都怕怕的，路上行人神情詭異。我們是一下車便進入會場，一出會場就上車，才全身而退。後來到里約長住做研究時，每回搭公車經過該區時，總會看到貌似吸毒的混混，三兩成群聚在路邊，各巷道也相當昏暗，和光亮的會場內部形成了極大的對比。嘉年華期間必定加強警力，固然安全許多，但如果你不會葡文，又是單獨或三兩隻小貓，千萬別在會場附近買黃牛票，畢竟在里約亞洲臉孔不比聖保羅多，加上一開口就破功的觀光客英文，明顯就是肥羊一隻，真是不搶你搶誰呢?若是沒碰上搶劫，算你運氣好，回家趕緊禱告感謝上蒼，留你一命必有用，開始廣行善事吧。官網上也有接駁車服務，會到各區旅館接送，不失為一項好選擇。

聖保羅阿尼耶比會場(Sambódromo do Anhembi)

售票點 / Rua Professor Milton Rodrigues - Portão 35 Santana

為一複合式展館，除了嘉年華遊行會場外，亦有多棟展館，平時提供國際各項商展使用，故附近設有商業旅館。

平時參展可搭乘捷運到Portuguesa-Tietê站，走一·五公里即可，夜裡搭乘計程車較安全。如果你是大老闆，附近就有直昇機專用機場Campo de Marte，可以在外州開完會直奔聖保羅嘉年華會場。

選擇購票場次小撇步

里約和聖保羅的場次都分為兩天正式賽程和一天的冠軍賽。一般來說，冠軍賽多半是觀光客才會去看，它美其名為冠軍賽，其實是讓比賽前幾名再重新走一次，由於名次已定，得獎隊伍幾乎是以慶祝得名的心態在隨意跳舞，好處是，當天看到的保證是最優秀的幾隊。若想看各隊在正式場上使出混身解數競賽，可以挑選自己喜愛的隊伍比賽當天的門票。聖保羅較有名的有「忠誠之鷹」(Gavião)、「來吧!來吧!」(Vai! Vai!)、「綠色之家帝國」(Império da Casa Verde)、「歡樂青年」(Mocidade Alegre)及「大湯姆」(Tom Maior)等，隊伍的水準都不錯。里約的常勝軍有「蜂鳥隊」(Beija-flor)、「楊柳隊」(Salgueiro)、「奇朱卡聯盟」(Unidos da Tijuca)、「波持拉」(Portela)及「皇后隊」(Imperatriz)等。通常巴西人會先看好自己支持隊伍的進場順序，在那之前入場，看完喜歡的幾隊就先行離去，否則通宵達旦的跟著唱跳，實在也太辛苦。

街頭嘉年華(Bloco do Carnaval)

在嘉年華期間，甚至更早，會有各社區的森巴隊伍在街頭遊行，事先在網路上搜尋關鍵字「bloco do carnaval」、「blocos na rua」等，再加上「Rio de Janeiro」或「São Paulo」，就可查詢各隊的時間表與集合點的街道名，或者更簡單點，上臉書「巴西閒妻俱樂部粉絲團」留言，提醒閒妻幫你查!

除了在街上參與外，部分知名的森巴學校，像聖保羅的「來吧、來吧!」，週末夜晚偶爾會開放外人參加排練，以R$10～30不等的收費方式入場，會安排一些穿著嘉年華服飾的舞者與外來客同樂。

燃燒吧！足球魂

從一向對運動類無感到對足球充滿狂熱，甚至成為二〇一四年世界盃足球賽期間的專欄作家，這一切，都是源自於為了讓婚姻長久的用心啊！（淚訴～）

俗話說：「要抓住男人的心，就要抓得住他的胃。」閒妻就是給這句話騙慘啦！廚藝精進的結果就是，某人會特地回家吃晚飯，吃飽飯拍拍屁股再溜去朋友家看足球，黃臉婆在家辛苦半天，吸完廚房油煙，還得邊洗碗邊含淚目送他的背影離去。

只要生活在巴西，你一定會成為巴西隊的死忠球迷。

所以囉，要抓住巴西長大的男人心，光抓住他的胃是不夠的，還要學會再無聊、再看不懂一群人追著一顆球在跑什麼，也要跟著搖旗吶喊（記住，別尖叫錯時機，不小心為敵隊進球歡呼，就等著被白眼吧～）。這下子，看球賽不帶你，就太不尊重身為同隊球迷的親密愛人了。當然，事後還得悄悄補足對足球的知識，免得婚後幾年還老是問錯問題，就尷尬啦！

森巴軍團崛起

如果說里約是巴西本土嘉年華的發源地，那麼巴西足球就是出生在聖保羅了。一八九四年，曾在英國就學的查爾斯·米勒（Charles Miller）帶了幾顆足球和一本足球比賽規則回到聖保羅，隔年在所屬的英裔俱樂部「聖保羅運動俱樂部」（O São Paulo Athletic Club）組成了全巴西第一支足球隊。爾後巴西各地陸續成立了大大小小的足球俱樂部，全國至少有兩萬多個球隊運作。

這項來自英國的白人中產階級運動，到底是如何獲得以窮人為主的巴西人青睞，甚至成為全民狂熱的國民運動？閒妻猜想，重點在於它可以是一項不需要花錢的運動，只要有腳，找顆球或拿廢紙揉成一團，在水泥地，在海邊，甚至泥巴地，大夥

只要有腳、有球、有空地，處處都能玩足球。

兒就能玩起來，也難怪巴西的足球明星多半都來自貧民區。不管是球王比利、外星人羅納度（Ronaldo Nazário）、小羅納度（Ronaldinho），或是現在當紅的壞壞帥男孩內馬爾（Neymar），從小唯一的娛樂就是在社區的泥巴地球場踢球，三不五時練些一個人也能玩的新花招，從頭到腳每一處都能靈活轉動那顆球（小羅納度和內馬爾就是個中好手），他們帶著歡樂的心情踢球，帶球過人、射門，每一步都像快速舞動的節奏，這樣華麗而輕快的步伐，加上國際知名的巴西嘉年華盛會，給巴西足球國家代表隊帶來「森巴軍團」的名號。

自幼習慣在低劣環境踢球的森巴軍團，踢起球的技巧當然更勝於養尊處優的中產階級。有天賦的窮小孩們，因為被球探相中而命運大不同，從吃不飽穿不暖轉變為多金型男，還有超級名模們排隊自動送上門，足球成為鹹魚大翻身的最大機會，自然每個小男孩都夢想成為足球員，天天以此為主要休閒活動。這兩大因素合起來，足球不知不覺成了全民運動，無法完成明星夢的男人們，也將自己的夢想放在支持的球隊身上，分享榮耀與失敗，正因此，他們對所屬球隊或是巴西國家隊的成敗，投注了難以想像的熱情。

菜鳥球迷必看之觀賽潛規則

為了讓觀光客閒妻感受嘉年華以外的另一種巴西狂熱，閒妻夫違背自己的良心，背叛了從小支持至今的球隊哥林多（Corinthians），帶著還沒到手的閒妻去看敵隊聖保羅（São Paulo）踢球（因為閒妻待在聖保羅的時期正好沒有哥林多隊的賽程，只好去看世仇聖保羅隊的球賽）。這件事害閒妻夫被周遭友人恥笑了多年，同隊的球友不諒解，敵隊球迷朋友們百般嘲笑（口年啊~直到我也成為哥林多死忠球迷後，才深知那是多大的屈辱）。

在這次的觀賽經驗中，閒妻莫名其妙的被某人白了一眼。想想，我可是生平第一次到現場看足球的觀光客，管他哪一隊，只要有人進球，當然會跟著旁邊觀眾一起high

啦。正當本姑娘隨著旁人又叫又跳的為得分歡呼的當下，有個從頭到尾坐著不動的路人，明明戴著太陽眼鏡，還舉起手假裝遮太陽，冷不防的冒出一句：「有什麼好叫的？吵死了！」然後就是整場臭到不行的結屎臉。和某人還不太熟的閒妻心想，這人怎麼突然變了個樣，和先前的溫柔體貼真是天差地遠，難道……登愣！這才是他的真面目？趕緊偷偷在心裡給他扣個兩分。

等到較熟悉巴西文化以後，才知道巴西球迷對自己支持球隊的忠誠度與熱情，遠高過對國家代表隊的重視。幾個常競爭國盃或州盃冠軍的隊伍，球迷們三不五時彼此叫陣，聖保羅和里約的主要球隊更是明顯，看球賽時若穿到敵隊色彩的衣服，搞不好連球場都進不去，走在路上還得特別小心人身安全。

先前就有個比閒妻還白目的觀光客，興奮地穿著綠色上衣去看哥林多隊的球賽，一路上被幾千雙眼盯著指指點點，進了會場屁股還沒坐下，就被球迷團團圍住，問他是什麼意思。什麼意思？來二〇一四世足賽會場看球賽啊！話還沒說完，就被趕了出去。綠色是聖保羅「鐵三角」（Trio de Ferro）之一「寶爾梅依拉斯」（Palmeiras）球衣的主要色彩，穿著敵隊色彩的服裝來看球賽，不就擺明了這傢伙是來挑釁的，很欠揍嗎？幸虧球場裡裡外外都有保全和警察，所以這名搞不清楚狀況的觀光客沒有帶傷的全身而退。事後哥林多隊俱樂部總裁還特地透過媒體向這位觀光客喊話，表示球隊深感抱歉，希望

觀賽良伴——場邊小吃配啤酒。

不用太擔心，大隊相爭必有荷槍警力場邊維護治安。

能送他球衣，並另外招待他看一場球賽，可惜那傢伙早已回到英國，無福消受。為了避免同樣的憾事發生在自己身上，各位出門前還是先做好功課，省得敗興而歸。

聖保羅四強：球星輩出之國腳大本營

聖保羅市聞名的「鐵三角」包括了哥林多、寶爾梅依拉斯和聖保羅，另外再加上附近同屬聖保羅州內海港城的桑多士，四隊在聖保羅州際盃（Campeão Paulista）為死對頭。為了把妹妹（喔，不對，是姐姐），忍辱負重進入敵區地盤，還給他們賺門票錢，已是極限（閒妻夫當下想必是抱著「祝ムメㄟ」他們的心情去的吧），看到宿敵進球已經很不爽了，旁邊的妞還很白目的又叫又跳，好像沒看過進球一樣（是沒看過現場沒錯），耐性應該早就破表了吧！好吧，誤會他了，趕緊偷偷幫他多加十分回來。

成立於一九一〇年的哥林多隊，擁有至少三千多萬以上的球迷，堪稱聖保羅第一、全巴西第二大的足球俱樂部，由五個年輕人在自己居住的社區棒黑奇羅（Bom retiro，葡文意為良好的居所，早年多為猶太人聚居，後來陸續將房產轉賣給大批的韓國移民，現已被當地人稱為韓國區，多數道地的韓式餐廳、卡拉OK及超市都開設在此，許多韓式小吃甚至僅提供韓文菜單，還有一整條以韓國人、中國人為主的服飾批發街）找了另外八個小伙子組成球隊，隊名靈感取自於英國的哥林多足球俱樂部（Corinthian-Casuals Football Club），並自詡為屬於人民的足球隊，因此廣受基層巴西人的喜愛。二〇〇九年，外星人羅納度因傷返回巴西後加入該隊，使它在國際上聲名大噪，許多中產階級也在此時成為哥林多隊的球迷。百餘年來，獲得多場巴西國盃、聖保羅州盃、南美洲自由盃冠軍，並二度取得足球俱樂部世界盃冠軍，二〇一二年在日本大勝英國雀兒喜隊（Chelsea）。曾效力該隊的國際知名球員還有阿根廷國腳戴菲斯（Carlos Tévez）、巴西出生的葡萄牙國腳利艾德森（Liedson）等人。該隊的主要象徵色彩為黑和白，球員制服

里約佛朗明哥對上聖保羅哥林多，兩大隊相爭必然精彩（右圖），哥林多的最佳啦啦隊——忠誠之鷹（左圖）當然不缺席。

主色為黑、白，守門員為藍、灰和黃交替穿，由於多數球隊皆以黑、白為主，有時為免裁判混淆，會使用替代色米白、藍、橘、赭紅色上衣。

哥林多隊的吉祥物是一名持劍的騎士，這名騎士代表的是天主教屠龍宣教的聖人——聖喬治（São George），象徵球隊全體及球迷都像時時武裝的聖喬治，無懼火焰與各式的攻擊。球迷們分別成立了數個團體，其中最著名的就是「忠誠之鷹」（Gaviões da Fiel），這個隊伍充滿音樂、舞蹈等藝術人才，因此哥林多隊的場邊總是有專業的鼓隊造聲勢、提振士氣，還隨時創作新曲為球隊加油。這支啦啦隊不但是全巴西最大的球迷團體，同時在一九六九年時附設了森巴學校，每年都是嘉年華賽程中最具冠軍相的隊伍之一，外星人羅納度還參加了該隊二〇一〇年嘉年華的表演，在主花車上大跳森巴舞。其他森巴學校包括「來吧！來吧！」、「大湯姆」、「裴魯奇聯盟」等成員，也多為哥林多的球迷。

寶爾梅依拉斯（葡文意思為棕櫚樹）成立於一九一四年，最早是由義大利移民的社區組成。聖保羅擁有大批的義大利後裔，道地的義式料理店林立，燉飯、義大利麵口口香醇，連超市賣的義大利巧克力、麵條、氣泡酒等價格都很親民，甚至每個社區都有好幾間的披薩坊（pizzaria）或披薩外送店。閒妻的巴西朋友們總是說，全世界最好吃的披薩就在巴西。（咦，你們把披薩故鄉義大利的臉放到哪去了？）老實說，閒妻最不愛的就是披薩、漢堡類了，但第一次到羅馬自助旅行時，被路邊烤披薩的小店香味吸引，吃到真正令人感動的披薩，到巴西後雖然沒有得到一樣的感動，但幾次陪著大家吃的經驗，比起台灣和美國，巴西的披薩還真的略勝一籌，至少閒妻懶得做飯時，還願意叫塊披薩來應付一下。總之，或許正因這裡聚集了最多的義大利人，讓寶爾梅依拉斯也擁有當地多數的球迷，有點像義大利同鄉會的感覺吧。

他們的象徵色彩為綠色和白色，官方吉祥物為虎皮鸚鵡（periquito），但後來因為被哥林多隊嘲笑他們是「豬」一般的對手，嘲笑多年後，可愛的小豬反而受到大眾歡迎，也就漸漸接受這個稱號，一九八〇年代以後，乾脆直接將豬（porco）作為該隊的圖騰象徵。該隊球迷也在一九九五年成立了森巴學校「綠點」（Mancha Verde），加入聖保羅嘉年華的戰場。

成立於一九五三年的聖保羅隊大概是最早獲得國際女性球迷注意的隊伍，因為它出了個大帥哥卡卡（Kaká），就連閒妻夫最初想培養閒妻對足球的興趣時，都特地搬出卡卡的照片來做誘餌（雖然卡卡不是我的菜，但勉強還能接受）。曾獲選年度足球先生的卡卡確實是很典型的聖保羅隊代表，出身自中產階級，擁有姣好的面容和循序漸進的正規訓練，還有貴族般的時尚品味。倘若哥林多隊是平民的代表，那麼聖保羅隊無疑是資產階級的象徵。閒妻初到巴西時，傻傻搞不懂大家支持球隊的依據為何，但周遭的女性朋友都是支持聖保羅隊，終於忍不住做了些民調，有些是因為自己的兄弟支持，兄弟們又是受到學校同儕的影響（亞裔富二代、富三代們上的都是私立貴族學校，接觸的巴西朋友也都是資產家庭），最令人哭笑不得的答案是：「當然要支持聖保羅啊，在酒吧認識的醫生哥哥、律師哥哥都是聖保羅的球迷，怎麼能不跟他們一起加油呢？」喔，原來如此啊～（閒妻整個呈現傻眼的狀態）

當然，聖保羅隊的實力堅強是不容湮滅的，這支隊伍的大本營位於聖保羅較富裕的社區莫倫比（Morumbi），在多數中產階級以上球迷的支持下，他們球隊擁有充足的財源，買起好球員毫不手軟，也培養了不少實力戰將，因此在球場上一直有很好的表現。在作為二〇一四年世界盃及二〇一六年奧運指定球場的哥林多競技場（Arena Corinthians）興建之前，聖保羅隊所建的莫倫比體育場（Estádio do Morumbi）是巴西最大的球場，就連Lady Gaga都曾站上這個舞台開演唱會。雖然搶不到世界盃和奧運的場地權，有國際級天后加持也不賴。

該球隊自稱為三色隊，因為他們的色彩為紅、黑、白三色，吉祥物選擇的是和隊伍同名的天主教聖人——聖保羅（Santo Paulo），留著長長白鬍鬚的老人，成為守護該隊的象徵。聖保羅的球迷們也在二〇〇〇年時不落人後的成立了自己的森巴學校「皇家之龍」（Dragões da Real），總算在二〇一二年拚進聖保羅嘉年華第一輪的賽程，與其他球隊的森巴學校在球場外一爭高下。

雖然位處遙遠的海港，桑多士的實力卻不容小覷。這個成立於一九一二年的隊伍出了超多名人，老一輩的球迷絕對忘不了球王比利，曾跑過體育新聞的閒妻爸對巴西的最大認知就是他。閒妻第一次到巴西前，老爸行前教育了一堆當年比

聖保羅隊自稱三色隊，因為他們的主色是紅、黑、白。

利踢的球多厲害，立下多少豐功偉業，我當然是聽攏嘸。直到嫁過來之後，才發現比利真的很厲害，非洲剛果內戰時，為了看他踢球，竟願意暫時休戰，連葡文課本裡都拿他當造句範例，完全是巴西人的超級偶像。這幾年更厲害了，烏鴉嘴的功力遠超過他往年的神來之腳，每逢世界盃，只要他看好哪一國，那一國代表隊就提前出局，叫巴西人對他又愛又恨，只好年年拜託他別再預言巴西隊奪冠了。

年輕小朋友一定認識現在效力於西班牙巴塞隆納（FC Barcelona）的小屁孩內馬爾，喔，不不不，是球技高超的帥氣壞男孩。唉呀，閒妻就是忘不了他當年在桑多士的小痞子模樣。剛嶄露頭角、被譽為新世代比利的十七歲少年，第一次和羅納度站在同一球場上，媒體起哄要兩位前後代足球明星站在一起拍照，見到偶像羅納度的內馬爾，害羞得不敢把頭往羅納度的方向看，紅著臉遙望遠方，兩手不知所措的在身後擺動，還真是個可愛的小鮮肉。只可惜，沒過多久就迷失在媒體不斷造神的名聲中，變成跩個二五八萬的臭小子，完全不把前輩們看在眼裡，加上身材瘦小，在場上時不時假裝跌倒，誤導裁判判決對方犯規，得罪了不少球員。十九歲那年，他宣布他的未成年女友懷孕，他就要做爸爸了（哇勒，誘拐未成年少女，這是犯罪吧？）。由於他誠懇地公開面對，並表現出負責任的態度（據說是受到他後來的經紀人羅納度指點），獲得巴西人的好評。

當時足球界流傳的笑話是這樣的，在聖保羅鄉下長大的十七歲少女卡蘿肚子被搞大了，她老爸氣得要打斷「肇事者」的狗腿，卡蘿打了通電話，沒多久，這個貧民窟女孩的家門口停了輛讓街坊鄰居瞠目結舌的高級名車，下來的是桑多士隊當紅球星內馬爾。彬彬有禮的內馬爾進門打了招呼，一坐下便開出優渥的扶養條件，卡蘿的爸爸紅著臉站了起來，舉起右手，重重的拍在內馬爾的左肩上，中氣十足的說了句：「幹得好！」雖然小孩出世後，內馬爾即刻和孩子的媽和平分手，開始天天駕著遊艇、帆船，和名模、電視明星緋聞不斷的日子，仍不影響他重塑形象後的名聲，畢竟在巴西的貧民區裡，女孩們想要改善家庭生活，最快的捷徑就是戀上足球員，只要不離不棄，做個乖乖付贍養費的好爸爸，就是好榜樣。

離開巴西到了西班牙，內馬爾不再是被球隊寵著的王牌，至少阿根廷來的老大梅西（Messi）還在上頭盯著，加上歐洲壯碩的球員們可不是好惹的，孩子氣的內馬爾迅速成長，變成認真踢球、不耍花招的成熟球員，喜愛小孩和親近球迷的個性更讓他在國際上大受歡迎，連痞子的模樣都轉化為帶點壞壞性格的穩重帥氣。閒妻真是有種看著他長大的感嘆呢：唉喲，短短幾年，從男孩變男人，這轉變也太大了。

回頭討論桑多士隊，他們的代表色也是黑和白，球衣以黑、白直條紋為主。閒妻當年被白眼看的那場球賽正是聖保羅對桑多士，閒妻夫穿著白色上衣，表面上可偽裝為聖保羅或桑多士的球迷，骨子裡還是哥林多的魂，閒妻雖然搞不清楚狀況，但是穿著巴西

TIME DO POVO
EF Englishtown
ASSAI
ATACADISTA
ARENA CORINTHIAN
FERRACINI 24h
crefisa crefisa crefisa crefisa

哥林多競技場。

COR 1
SAO 0
FIEL
CAMISA 12
Embracon
ESSE É O MEU JOGO
FATAL
São Cristóvão
crefisa

國家代表隊的黃色是絕對不會錯的選擇。中場休息時，看著光頭白鬍子的老頭公仔和另一隻黑白相間的鯨魚上場，開始老人與鯨的足球競賽，正在納悶這餘興節目也太怪了點，人魚之間如何大戰？那魚尾又怎麼踢得了球？才知道原來桑多士的吉祥物正是鯨魚，海港出身的球隊，當然由魚來守護囉！

里約四強：擁有可愛吉祥物的剽悍勁旅

聖保羅有四大隊，里約也有四大隊——佛朗明哥（Flamengo）、福魯明尼斯（Fluminense）、博塔弗戈（Botafogo）和瓦斯科（Vasco da Gama）。雖然財務狀況不如聖保羅優渥，但美麗的海灘仍吸引了許多名腳加入里約四大隊，其中又以佛朗明哥和福魯明尼斯的名氣最為響亮。

一八九五年底就成立的佛朗明哥運動俱樂部，在一九〇二年設立足球部門，擁有全巴西最多的球迷，被稱為是全巴西最大的球隊，和聖保羅的哥林多隊同樣強調屬於人民的球隊。里約身為全世界最大貧民區的所在地，佛朗明哥的球員與球迷多來自於里約

海港出身的桑多士球隊，當然是由魚來守護囉。

的貧民區，球風較為強悍，出了不少名人，像被稱為足球皇帝的安德里阿諾（Adriano Ribeiro）就來自這支球隊。他們的主色為紅、黑、白，吉祥物選擇的是大力水手卜派，很有球隊的風格。只可惜球員們時有跟著一起長大的貧民區朋友走入歧途的現象，幾年前教唆黑幫友人將糾纏不清的女友分屍殺害的門將，便是這隊的主力球員。想起當年到里約做研究時，週末在酒吧遇上幾個年輕姑娘，直邀閒妻隔週參加她們社區的舞會，可藉機認識很多當紅球員，幸虧本姑娘潔身自愛，沒受到誘惑，連電話都不敢留，否則幸福美滿的家庭就此毀滅，真是好險呀！

同樣在一九〇二年成立的福魯明尼斯，屬性和地緣性都與佛朗明哥很接近，他們的主色是赭紅色、白與綠，吉祥物是戰士。一九〇四年開始踢足球的博塔弗戈就有趣了，他們的吉祥物先是尿尿小童，後來換成了唐老鴨，球隊主色是黑與白。

瓦斯科和其他幾隊特別不一樣，是非常典型的葡萄牙移民隊伍，其名是為了紀念葡萄牙第一位由歐洲探險至印度的航海家瓦斯科．達．伽瑪，因此他們的隊徽是一艘葡萄牙船艦，吉祥物是葡萄牙特有的美食鹹魚（bacalhau），閒妻實在想不透這些里約的球隊，怎麼不是卡通就是鹹魚呢？也太可愛了點。他們的球衣也是以黑、白為主色。

結婚也要瘋足球！

總觀來說，穿著白色觀賽似乎最保險。事實上，對巴西人來說，白色還象徵著和平，看來要想好好享受現場觀賽的氣氛，還是穿白色最安全。要不然鬧妻朋友A還有一招，是他的親身經驗。話說朋友A在少年時期穿著綠色球衣去看球賽，結束後和其他人分道揚鑣，獨自踏上回家的路上，迎面而來一批穿著黑白球衣的對方球迷，他遠遠的就趕緊將衣服脫下拿在手中，大搖大擺走過去。眼尖的大塊頭叫住他，「喂，你手上那是誰的球衣？你小子該不會是某某隊的吧？」一群混混已開始摩拳擦掌，少年臉不紅氣不喘的回他，「怎麼可能？拜託，這是我剛在前面從一個小伙子身上搶來的，那傢伙好大膽，敢穿這衣服走在這裡，我已經把他揍一頓了。」混混們凶惡的神情馬上轉為和善，「好啊，你小子不錯，冠軍永遠是我們的！」彼此擊掌道別後，少年嚇得拔腿就跑。其實巴西人還真單純，這樣也行呢！

記得當年鬧妻夫特地選在羅納度踢球的那天帶鬧妻去公證所送件登記結婚，當天下午咱們倆手牽手趕往球場售票口，準備大手筆買它兩張當晚球賽貴賓席的票，作為結婚登記的難忘紀念。孰料買票隊伍排到八百里遠，一小時、兩小時過去了，眼看公證所都快關門了，天真的鬧妻開著玩笑說：「你說，如果我們直接到售票口跟他們商量一下，就講明我們趕著去結婚，他們會不會讓我們先買票啊？」我真的只是說說而已，沒想到我們家那個臉皮薄的居然二話不說拉著我往前跑，正打算突破欄杆往票口衝時，被保全攔了下來。為了羅納度，閒妻夫真的豁出去了，使出史瑞克貓的求情眼神，對保全哀求說明來意，這下可真是誠心感動天，同為哥林多球迷的保全似乎很能理解他的熱情，馬上打開欄杆，對著下一關的保全大喊，「快，把那個票口空出來，這對小情人等下趕著去登記結婚，今晚要來看羅納度作為慶祝，留兩張貴賓區的票賣給他們！」這、這、這會不會太神奇了？最重要的是，後面的排隊人潮居然沒人有意見，沿路看著大家給我們開路，恭喜聲不斷，巴西人也太好講話了唄，頓時覺得他們超可愛的！欸～我不是在教你們看準他們的好心來使壞喔，我們是真的為了慶賀結婚要去看羅納度踢球的啦！

巴西人真的好熱愛他們支持的球隊，這點後來我在買菜時更深深體會到了。在菜攤買菜時，不同隊的菜販看你穿著球衣會故意鬧你，還不給殺價，同隊的菜販只要表明身分，半價他也情願賣你。當然，重點是閒妻已練就一身聊足球話題的技能，在家能和老公閒談球隊八卦，在外能和路人聊球賽，所以囉，每逢重點賽程，老公可沒藉口單獨和朋友去看球賽，一定得帶上同隊球迷的親密愛人。可不是我在吹牛，我自認是幸運女神，至今我到現場看的球賽沒一次輸過（就連婚前那次也是，坐在聖保羅區加油，就讓他們拿下一勝，拍寫啦，害得這位仁兄鬱卒了一整天）。

哥林多競技場（Arena Corinthians）

交通方式 / 搭紅線捷運到總站Corinthians-Itaquera，一出站往購物中心的相反方向，就能看到遠方漂亮的大型白色建築，然後跟著大家走就到了。

原本只是哥林多隊為了完成擁有自己球場的心願而興建的，卻因為二〇一四年世界盃的場地喬不定，世界足總（FIFA）不滿意原定的莫倫比體育場，硬是叫計畫中的哥林多競技場淌了這趟渾水。為符合世界盃標準，擴大規畫為能容納六萬五千人的大型球場，但世界盃結束後，在維護經費考量下，拆建為四萬八千個觀眾席。二〇一六年里約奧運，只有足球類的部分賽程安排在聖保羅，哥林多競技場就是指定球場。到了聖保羅，來哥林多競技場看場球賽，踏在鋪滿大理石的地板，感受國際足球明星曾走過的風采，會是相當不錯的經驗。

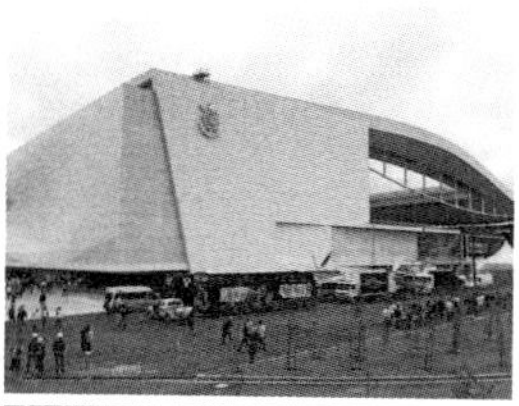

馬拉卡納體育場（Estádio do Maracanã）

地址 / Av. Pres. Castelo Branco, S/N, Maracanã, Rio de Janeiro

網址 / www.maracana.com

開放時間 / 週一至週四R$24，週末R$30；含導遊解說每人週間R$36，週末$R40；學生、兒童及老人半價。

● 二〇一六年三月一日至十月三十日應因奧運賽程不開放參觀。

作為一九五〇年巴西主辦的第一個世界盃球場，馬拉卡納的地位是堅固不移的，二〇一四年再度接辦世界盃，巴西政府耗資十三億巴幣整修，無論如何也要用它作為閉幕球場，二〇一六年的里約奧運更是各項賽事的主要場地。這個球場見證了巴西近代足球的光榮與悲傷，除了世界盃，包括巴西國盃、南美洲盃、里約盃等重大賽事都以此為主要場地，就連二〇〇〇年的第一屆世界盃足球俱樂部比賽（FIFA Club World Cup）也在這裡進行。最重要的是，全世界球迷難忘的球王比利，在此地踢進了他人生的第一千顆球。馬拉卡納是里約的主要觀光勝地之一，旅行團常來門口拍張照，到此一遊。沒有賽事期間是可以買門票進場參觀的，裡頭有球場的歷史介紹、珍貴的老照片展示，還有不同的展間陳列從開幕至今的寶貝古董，另有一區類似好萊塢明星手印區，留有知名足球員的腳印及簽名，球王比利、外星人羅納度、帥氣卡卡……，都是熱門合照腳丫子。

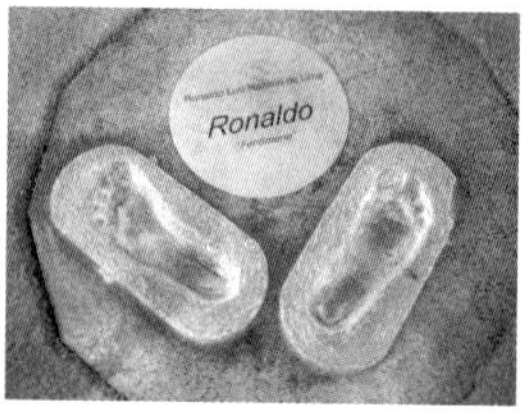

瘋足球 小貼士

購票需知

購買球票一般是在比賽球場，以及該球隊俱樂部所屬的端點或自己的球場。舉例來說，哥林多隊在自己的球場「哥林多競技場」、球迷俱樂部「聖喬治公園」（Parque Sao Jorge），以及少數幾家有合作的附屬用品專賣店（Loja Poderoso Timão）有售票端點，近來也增加了網路購票，只是購買機會必需排在付費會員的後面，因此有些熱門的球票時常買不到，就得找關係買黃牛票。而聖保羅隊就只有在他的球場「莫倫比體育場」售票，也可網路購票，但網路上不得購買優待票，通常優待票都得現場排隊出示證件，一人限購一張。有些折扣網站會轉售折扣票給住在球場附近居民，某些銀行也有和部分球隊有購票折扣優惠合作，就可使用他們的合作網站，以信用卡購票。

基本上，球迷都很清楚自己的隊何時有球賽，因為他們三不五時就在聽廣播電台的足球節目（閒妻夫就是一例，每天下班車上都是聽那台，有夠吵！喔～當我沒說），而閒妻自己則是會上巴西最大電視台的體育新聞網站查詢。網址為globoesporte.globo.com，左上角menu選futebol，再選要看的隊伍或比賽項目，如：聖保羅洲際盃（paulista），就可在旁邊的球賽項目（jogos）看到各隊比賽的時間，再到球隊官網找購票方式（ingressos）即可。

除了文中所述的里約和聖保羅八大隊以外，像其他州的Internacional和Grêmio也都很值得一看。比較不建議觀光客看聖保羅四大死對頭碰上的場面，雖然比賽保證精彩，但賽後會發生什麼很難講，一不小心被波及而掛彩或進警局就麻煩了。

足球博物館
（Estádio do Pacaembu／Museu do Futebol）

地址 / Praça Charles Miller, Pacaembu, São Paulo
網址 / www.museudofutebol.org.br
開放時間 / 週二至週五上午九點至下午四點，週六、日及國定假日上午十點至下午五點。全票R$9，本地學生、教師及六十歲以上長者半價，每週六免費參觀。
交通方式 / 坐捷運綠線到Clínicas站，再搭乘計程車到足球博物館，五分鐘就到了。

足球博物館同時也是市立足球場，可容納四萬人，過去由政府租借給哥林多隊作為主場球賽場地，直到哥林多擁有自己的哥林多競技場後，才回歸為單純的官方球場。裡面設有足球博物館，記載巴西的足球史、球王比利專區、世界盃榮譽史、眾多獎盃陳設，以及虛擬足球明星與你共舞的高科技專區等等。

莫倫比體育場（Estádio do Morumbi）

地址 / Roberto Gomes Pedrosa, 1, São Paulo
網址 / www.morumbitour.com.br
開放時間 / 該球場有提供參觀行程，每週二至週五10：00、12：00、14：00、15：30，每週六、日10：30、11：30、12：30、13：30、14：30、15：30。全票R$30，球隊會員R$20，兒童、學生與六十歲以上長者半價。

是聖保羅隊所屬球場，在哥林多競技場設立以前是全聖保羅最大的球場，能夠容納六萬七千名觀眾，包括麥可‧傑克森（Michael Jackson）、瑪丹娜（Madonna）和Lady Gaga都在此處開過演唱會，場內還設有餐廳酒吧。

其他二〇一六年奧運足球指定場地

> **奧運體育館**（Estádio Olímpico）

地址 / Rua José dos Reis, 425, Engenho de Dentro, Rio de Janeiro

原名為Estádio Nilton Santos，為博塔弗戈足球俱樂部的專屬球場，可容納四萬六千名觀眾，為因應二〇一六年奧運，整修增設為六萬人的場地。

> **馬內‧加林查體育場**（Estádio Mané Garrincha）

地址 / Asa Norte, Brasília, DF

又名巴西利亞國家體育場，建於一九七四年，後來為了因應二〇一四年世界盃足球賽，增設為可容納七萬多人的大球場。

> **新水源體育場**（Arena Fonte Nova）

地址 / Ladeira da Fonte das Pedras, Nazaré, Salvador, BA

位於北部巴伊亞州的球場，現在受到啤酒廠商贊助，故又名伊塔帕瓦新水源體育場。當初是為了二〇一四年世界盃特地興建的球場，也被巴西人戲稱為巴西政府為世界盃浪費公帑所蓋的白色大象之一。現在受啤酒廠商支持下，成為兼具演唱會場的球場。

> **米內羅體育場**（Mineirão）

地址 / Av. Antônio Abrahão Caram, 1001, São Luís, MG

位於礦區米納斯州的首府貝羅荷里桑奇（Belo Horizonte），建於一九六五年，為了二〇一四年世界盃特別擴建。

> **亞馬遜體育場**（Arena da Amazônia）

地址 / Av. Constantino Nery, Flores, Manaus, AM

這座位於瑪瑙斯（Manaus）的足球場也是為了世界盃而蓋的另一座白色大象。

CHAPTER
3

跟著閒妻吃肥買爽

肥與美的最佳體現：巴西窯烤

「閒妻，我到里約了，你說過巴西牛很好吃，指的是烤肉店的牛肉嗎？」

「窯烤店的是大塊炭烤，不只烤肉店，一般餐廳都有，重點是一定要吃到圓圓肉『比嘎娘』（picanha），那是只有巴西才有的肉，圓咚咚一大塊，外面有整圈的油花，炭烤出來嗶滋嗶滋的滴，肥肉和大片鮮甜的肌肉夾在一起吃，喔，不行了，好想吃，等下我寫張美食清單line給你，我先去超市買塊比嘎娘回家煎來吃。」

五天後……

「閒妻，我明天要走了，照你列的清單大致都吃到了，巴西東西真的好好吃，但是，我也胖了至少三公斤。」

「哥哥，胖是正常的，我初來巴西玩的時候，三個禮拜就帶了五公斤的肉回去，管它甜的、鹹的，這邊東西那麼好吃，怎麼可能不胖啊？不過你不用怕，台灣工作壓力那

麼大，我那次回去後，三天內就瘦一公斤。等一下，你應該幾個月後又要來了吧……」（汗）

長官在奧運開賽前到里約視察，不用懷疑，有個愛吃的閒妻隔空報菜單，肯定得腹肌變肥肉。別在意了，都辛苦飛了快三十個小時，不吃會後悔，還是吃了再說吧！

肉的美好，巴西人最知道

沒吃過巴西牛，真的別說你吃過世界上最好吃的牛肉。第一次帶閒妻夫到美國玩耍時，特別訂了比佛利山莊的高級牛排館分店，還指定他吃我最愛的英式切法（English cut）。在巴西，他請我吃了那麼美味的比嘎娘，這回一定要讓他嘗嘗我自認最好吃的美國牛排。完美的服務，清爽可口的沙拉，漂亮的五分熟血色，配上約克夏布丁和甜甜的玉米泥，正當閒妻感到一切都很完美時，第一塊牛排入口，啊，我錯了，不該帶巴西人來吃美國牛的。剛在巴西吃了幾個禮拜超好吃的牛肉，突然間美牛入口時的口感差異讓我羞愧得想挖個洞躲起來，這也是為什麼後來我回台灣再也不吃牛排的緣故（喔，台南的牛肉湯除外）。

第一次吃到巴西窯烤（churrascaria，特別介紹一下念法：咻哈斯卡里呀）是在里

世界第一的牛肉就是比嘎娘啦（右圖），來到巴西可不能錯過吃到飽的巴西窯烤喔（左圖）！

約科帕卡巴那海邊的巷子。在海邊吃飯的好處是，比基尼外罩件長衫，穿著拖鞋進去就能吃了，在聖保羅可不行，一定要衣衫整齊。學生說，來巴西一定要吃烤肉，我們就難得花點錢進了家不太貴的窯烤餐廳（平時只吃秤重自助餐，一盤十巴幣左右，烤肉至少都要三、四十以上）。一坐下就有些炸物小吃在桌上，有起司球麵包（pão de queijo）、炸木薯（mandioca frita）、炸香蕉（banana frita）、薯條（batata frita）、小型炸盒子（pastelzinho）等等，旁邊還有一張牌子，一面是寫著「是，請上」（sim, por favor），另一面寫著「不用了，謝謝」（não, obrigado），這是向服務生表達是否上肉的牌子。向服務生點完飲料後，就可以去旁邊的沙拉吧取餐了。沙拉吧上的菜色依餐廳價位不同而有差異，品質也不太一樣，一般會有必備的那堆草、巴西檳榔心（palmito）、黑豆配飯等；好一點的會有多一些熟食和生魚片；比較高級的窯烤餐廳則有烤大明蝦、烤深海魚、燉菜等，甚至還有魚子醬和西班牙海鮮燉飯，不過價差至少一、兩倍。討肉的牌子一掀，拿著整串烤肉的服務生便會不停的上菜。服務生在切肉時，客人可以用小夾子從另一頭取下切好的肉來，隨便你吃到飽。吃窯烤的重點當然是各式牛排，那些蒜烤麵包、辣香腸……，吃點意思到就好。我們華人愛吃內臟，巴西人也跟著愛吃雞心，整串肥嘟嘟的雞心，超美味的。由於多數華人吃烤肉一定會猛叫雞心，所以很多服務生連雞心的中文都會講，在聖保羅的烤肉店，不會葡文也不怕餓到。

閒妻要大推幾種肉：首推當然是比嘎娘，第一次吃到超驚豔的，起初老是學不會怎麼叫它的名字，只好不停的跟朋友說：「那個圓圓肉，圓圓肉最好吃！」比嘎娘是三大塊圓咚咚的肉串在鐵棒上，外面有一層油花，中間的肉質鮮美紮實、油汁欲滴，真是牛肉中的東坡肉等級。另外一定要吃的還有Q彈的側邊牛排（fradinha）、肋排（costela），而現烤的羊排（cordeiro）也是一絕，整隻羊腿超滑嫩，小羊排也不錯，要記得向服務生要「摸裡奧」（molho），就是醬汁啦，有了這特製薄荷醬料，搭上小羊，羊羶味都沒了。

小鳥胃塞肉小撇步

剛開始去吃烤肉時很沒技巧，肉一上就猛吃，結果沒吃多少就飽了，看著別人吃了幾口就把剩肉丟到一旁的空盤（桌上備有空盤讓大家丟不想吃的剩肉），覺得好浪費，閒妻夫說：「你整塊吃掉才是浪費你的胃口，明明吃到不喜歡的，還硬吃，結果好吃的吃不下了吧。」這就是巴西人的觀念，這邊的牛比人還多，烤肉店是吃到飽的，把胃口浪費在不好吃的肉上，反而讓自己整餐不開心，所以全國的烤肉店每天都會丟掉無數的肉。一邊想著非洲飢民，一邊又不想浪費胃的空間，處於兩難的閒妻現在學乖了，便宜的烤雞、香腸，或是易飽的大蒜麵包、炸物，都直接略過，專攻愛吃的頂級牛。至於沙拉吧，除非熱食區有大蝦，那當然來個十隻吃夠本，還有生牛肉薄片盤（carpaccio）之類平時很貴的東西要多吃點，否則就只拿生菜、番茄、巴西檳榔心（palmito）和醋漬番茄洋蔥（vinagrete）。

巴西人很愛吃烤肉，許多大樓住家的陽台都設有烤肉架和排煙設備，平時有朋友來訪時，我們也會在家烤肉，專程到大市場採購新鮮的明蝦、生蠔，再到超市買論公斤包裝的比嘎娘，和一些雞翅、雞心，閒妻夫的手藝可是經過大家認證的，至少丈母娘來了幾趟，吃了那麼多家烤肉店，還是大讚自家女婿的烤肉功夫。配菜當然就由閒妻包辦，除了生菜沙拉之外，吃烤肉不能缺的解膩品就是巴西檳榔心和醋漬番茄洋蔥。巴西檳榔心其實也不是真的檳榔心，只是閒妻這樣叫，大家看到時比較認得出來，在沙拉吧上會有整盤白白嫩嫩像大型茭白筍切小段的東西，清爽可口，配肉最好。醋漬番茄洋蔥也是，將番茄、洋蔥切小丁，加入白醋、白糖、些許鹽，再灑點巴西香菜醃一醃，吃牛排時淋一點上去配著吃，那酸甜感融入紅肉中，真是吃再多也不膩。

吃完烤肉一定會被服務生推來的一車車甜點吸引，拜託，如果不是真的超級想吃，還是算了吧，烤肉雖是吃到飽，但飲料、甜點和服務費可是另計的。閒妻的好友特地從美國飛來參加婚禮，婚禮前兩天自己跑去吃了烤肉，這傢伙無肉不歡，能夠吃肉吃到飽肯定開心死了，沒想到甜食也是他的弱點，吃沒兩口肉，看到漂亮的蛋糕、布丁、巧克力推過來，以為免錢就叫了一堆，結果帳單出來非常驚人。是的，巴西的甜點真的很好吃，但是和外面咖啡店比起來，烤肉店的甜點真的就是還ＯＫ而已，而且有點貴好嗎！

一餐結束，巴西人習慣要來杯咖啡，好像沒喝咖啡，這餐就沒解決一樣。烤肉店的咖啡也是另外算錢的，但一定是濃縮咖啡（espresso），價格還算公道。我們家是沒辦法，這個錢一定得讓他賺，因為閒妻夫是標準咖啡重度上癮者，為了省這五塊錢叫他忍到回家再喝，不翻臉才怪。

對了，巴西窯烤店還有個特別之處，就是誰都可以進廚房參觀，好啦，其實是巴

巴西窯烤最佳配角——巴西檳榔心（左圖）和生牛肉盤（右圖），是沙拉吧上不能錯過的美味。

西法令規定，所有餐廳都必須開放廚房給客人入內檢查，以確保食品衛生。但一般小店沒什麼好看的，窯烤店就很有看頭了，他們會在廚房外牆貼上「歡迎參觀我們的廚房」，看不懂葡文就錯失良機，但是，閒妻現在告訴你啦，大家到巴西吃窯烤可別錯過這趟行程。閒妻媽進了廚房可是尖叫連連，一串串大塊牛排、羊腿在窯裡烤，負責烤肉的巴西高帥男廚還會特地拿肉出來合影，師奶們玩得可過癮呢！

吃肥肥 小貼士

路邊也常有炭烤小攤子，尤其在球場附近或大型活動的場邊，一定會有好幾處冒煙區，像日式串燒一樣，一串大約三到五巴幣不等，超過就是騙你觀光客了（又或者，你過太多年才買這本書，物價上漲），通常會有牛肉塊、雞肉、雞翅（asa）、雞心和香腸這類簡單好串的普通串燒。

巴西窯烤常見重點字

名稱	中文	念法	附註
肉類 carne（嘎爾你）			
baby bife	肋眼牛排	baby b-fi	
cordeiro	羊排	口兒得依囉	「得」要發台語「茶」音。
contra filé	沙朗牛排	拱德拉·fi-累	
coração	雞心	口喇頌	
cupim	駝峰肉	苦並	巴西有種白牛， 脖子到背部有塊凸出來的肉。
costela	肋排	口斯得啦	
filé mignon	腓力牛排	fi累·米甕	
fradinho	側邊牛排	弗朗雞扭	
frango	雞肉	弗啷狗	
linguiça	香腸	領龜撒	分辣和不辣，加辣味： com pimenta（共·比man塔）。
picanha	頂級沙朗	比嘎娘	分原味和蒜味，加蒜味： com alho（共·阿里喔）。
海鮮類 frutos do mar（福祿都斯·堵·罵）			
camarão	蝦	卡馬攏	
lagosta	龍蝦	拉勾斯塔	
lula	魷魚	魯拉	這也是巴西前總統的綽號。
mariscos	貝類	瑪利斯扣斯	
ostra	生蠔	歐斯特拉	「特拉」要捲舌。
peixe	魚	配依席	
polvo	章魚	ㄅ喔否	
porco	豬肉	ㄅ爾口	
其他小點			
banana frita	炸香蕉	芭娜娜·弗利塔	
batata frita	炸薯條	芭塔塔·弗利塔	就是炸馬鈴薯的意思。
carpaccio	生牛肉	卡趴糗	這其實是義大利文。
mandioca frita	炸木薯	馬迪歐卡·弗利塔	閒妻最愛，比薯條好吃很多。
palmito	檳榔心	保喔米哆	巴西特有的一種棕櫚科植物的樹心。
pastelzinho	小炸盒子	把斯得喔西扭	迷你型的炸盒子，單包肉或起司。
pão de queijo	起司麵包	蹦·吉·給朽	以特有木薯粉加起司粉、蛋和牛奶製成的球狀麵包。
vinagrete	醋漬番茄洋蔥	V娜格雷起	

物美價廉的道地小吃店和麵包坊

婚前跑了好幾趟巴西談戀愛，返台時閒妻爸問到那裡的生活品質如何，在當年一比十八的匯率下，閒妻當然是回答：「高啊，聖保羅的物價只比聖荷西（San Jose）低了吧。」因為三姐妹都待過加州聖荷西，只能用這做比喻了。

「這樣的話，他們當地的薪水怎麼負擔得起？你不是說他們平均薪資還不到一萬塊台幣。」

「什麼地方都有貴有便宜的啦，也是有一個鹹餅一塊錢美金的小吃，照樣吃得很飽啊！」

「喂，我可不能讓我女兒去過一餐一塊錢的日子喔！」

吼，老爸，是說一餐三、四百塊台幣很正常，但三十塊台幣也過得了，沒人叫你女兒餐餐吃牛排或餐餐吃陽春麵。對啦，多半都在吃牛排啦，所以身上的肉愈來愈紮實，但巴西的小吃店真的便宜又好吃，連三明治都有夾牛排，叫人怎能不長肉呢？

照顧外食族三餐的美味小吃店

走在街上，每隔幾步路就會遇上一家「啷朽內起」（lanchonete），這是巴西最普遍的小吃店，L型的吧台是整片的玻璃櫃，有熱食，有甜點，牆上是一排排供做現打果汁的新鮮水果，靠著牆邊的是長型的鐵板和高掛的抽油煙機，在這裡除了櫃子裡現成的鹹派和麵包外，還提供現做的三明治或商業午餐，價格驚人的便宜，閒妻最愛的是烤肉三明治（churrasco），唉呀，我真的無法吃素呢～但是，吃過的都說讚，沒人不愛它的。烤肉三明治是用真的牛排肉條和洋蔥一起現煎，以小法國麵包夾起，有些店家會直接加醋漬番茄洋蔥，有些是要另外加點，起司也是另外加點的，以女生的肚量，兩個人吃一份大概就飽了。閒妻上回帶閒妻媽在路邊隨便一家店，叫了加醋漬番茄洋蔥的烤肉三明治，外加一杯現榨甘蔗汁和一杯柳橙汁，不到一百五十塊台幣，那家還有免費wi-fi可以用，付帳時還以為看錯了。

除了三明治和鹹點外，每天中午都有每日特餐（prato do dia），可選不同的肉做主餐，配上沙拉（salada）、飯（arroz）和淋飯吃的豆子（feijo）或木薯粉，一聽到這麼多的澱粉，就知道有夠飽的吧。少數店家會有牛肝（figado），閒妻第一次看到時超驚喜的，兩大片的牛肝把整盤飯都蓋住了，居然還是全店最便宜的餐。

用完餐還可以跟老闆要免費的咖啡，對，吃鹹點或三明治是沒有的，但通常叫套餐的話，只要問店裡有沒有「咖啡西扭」（cafezinho），他們都會很熱情的說，「有，當然有，店家請客。」馬上倒杯咖啡粉泡的手沖咖啡請你。巴西人實在太愛喝咖啡了，每天早上上班前一定先沖杯咖啡再出門，中午吃過飯來杯咖啡西扭，晚上吃完烤肉又要喝杯濃縮咖啡，半夜打電動打一半還要再來杯拿鐵，喔，其實只有閒妻夫和他的宅男同夥半夜打電動喝咖啡，其他巴西人應該是在喝啤酒了。

百吃不膩的麵包店小點心

大多數的啷朽內起販賣的鹹、甜點都是外包的，麵包店（padaria）就不一樣了，雖然多數大型的麵包店都設有餐區，提供和啷朽內起類似的餐點服務，但

啷朽內起的牛排特餐（左圖）和烤肉三明治（右圖），便宜又好吃。

麵粉類的製品就精緻許多，肯定是當家麵包師傅的心血，當然價格也高了些，畢竟一分錢一分貨嘛，那口感的確有差。

巴西的麵包和甜點走的比較是歐式風格，閒妻的婆婆在台灣總是犯糖尿病，一到巴西又沒事了，原來是台灣的麵包太甜、太多加工原料，她雖不吃甜食，但熱愛麵包，而巴西的麵包以天然小麥為主，也不太加糖和加工奶製品，即使用牛奶，也都是鮮奶，每天來兩個「蹦西扭」（pãozinho）夾兩片火腿和起司，就是健康的營養早餐（不過，她一回巴西就高血壓，比嘎娘吃太多，唉~有一好沒兩好啊）。

專做麵包、甜點的麵包店念法是「胖達莉亞」。雖然麵包不甜，蛋糕等甜點可是胖得不得了。一般烤肉店的甜點都是正宗巴西超甜口味，所以閒妻總是警告大家別在烤肉店叫甜點，咱們吃飽後轉移陣地，到下一攤繼續另一個胃的饗宴，不是更好？在聖保羅有

巴西點心花樣眾多，麵包店賣的價格雖然比小吃店貴些，但精緻許多。

許多家精緻的咖啡廳或麵包店，甜點都做得恰到好處又細緻，閒妻的最愛是熔岩巧克力蛋糕冰淇淋（petit gateau），這玩意兒可是讓我肥到回台灣被朋友笑是豬的罪魁禍首。烤得熱呼呼的盒型巧克力蛋糕，一挖下去，裡頭像火山熔岩一樣爆出來巧克力濃漿，再配上一球香草冰淇淋，那冰火的對比，叫誰忍得住不吃它？義大利人太過分了，把這麼好吃的東西在巴西發揚光大，再來口香濃的巴西咖啡，不胖才有鬼哩！

閒妻夫最愛的則是草莓塔。巴西人真的很愛草莓，或許是氣候的關係，幾乎全年都有草莓，盛產時便宜到三盒十元巴幣，每家麵包店都擺滿草莓類產品。每次到巴西朋友家作客，帶塊草莓派作伴手禮，一定大受歡迎。原先我都會在胖達莉亞買兩個小草莓塔回家當飯後點心，後來發現閒妻夫吃得太凶，乾脆買八吋的草莓派回家，照樣兩、三天嗑光。

延續了葡式、法式、義式等歐洲風格的甜食，巴西實在太多好吃又好看的甜點，不管是千層派（mil folhas），或是草莓蛋白霜（merengue），叫人如何不想吃？還有巴西本土的玉米點心「寶摸娘」（pamonha），像端午吃的鹼粽一樣Q彈有黏性，不同的是不用另外沾糖就已經夠甜了。香濃的玉米打成泥，加上椰子粉和糖製作而成，以玉米桿葉包起來，熱呼呼的，再來杯玉米果汁，喔~這就是正宗的巴西鄉村味啊，不來巴西是吃不到的喔！

小吃店和麵包店的招牌菜重點字

名稱	中文	念法	附註
鹹點 salgadinho（撒喔軋雞扭）			
sanduíche	三明治	嗓堵依起	
bauru	番茄起司	包烏魯	基本上是一片番茄加一片起司。
beirute	黎巴嫩三明治	貝依魯起	以敘利亞皮塔餅夾大量番茄、火腿、起司、生菜。
bolinho	炸球	ㄅ里牛	有包起司（de queijo）、包蝦（de camarão）等口味。
charuto de repolho	高麗菜捲	夏魯哆・吉・黑波里喔	以高麗菜包牛絞肉、糯米等料蒸煮，再淋上特製番茄醬的阿拉伯主食。
charuto de uva	葡萄葉捲	夏魯哆・吉・烏法	同上，但以葡萄葉捲包，淋的是另一種特製醬料。
churrasco	烤牛排三明治	咻哈死扣	會讓你哈死的牛排條。
coxa creme	粉泥雞腿	扣夏・可利米	整隻小雞腿裹上蛋、麵包粉、奶油等打好的泥狀物炸成。
coxinha	炸雞肉絲球	扣噓娘	雞肉絲裹上蛋、小麥粉、奶油等打好的泥狀物炸成。
empada	巴西餡餅	恩趴打	有各式夾心口味。
empanada	阿根廷餡餅	恩帕那打	有各式夾心口味。
esfiha	阿拉伯餡餅	a死fi哈	有敞開的（aberto）和封起來的（fechado），敞開的像小披薩，封起來的像三角餡餅。
misto quente	火腿起司土司	咪斯堵・見（台語）起	
pão de batata	馬鈴薯麵包	蹦・吉・巴蹋蹋	
pão com mortadela	義式火腿三明治	蹦・共・某爾達得拉	法國麵包夾大量的義式火腿。
pão sírio	阿拉伯薄餅	蹦・西利歐	阿拉伯式的薄餅麵包，口感又香又紮實。
pãozinho	小麵包	蹦西扭	小的法式麵包，但吃起來較鬆軟，內容紮實，巴西人時常以小麵包夾火腿、起司，就可混過一餐。
pastel	炸盒子	把斯得喔	用兩片特製麵皮夾成方形去油炸，裡頭包有各式餡料，有牛絞肉、番茄、起司、蛋等，或是綜合上述再加上橄欖的特製口味（especial），在傳統市集的路邊攤也有販賣。

名稱	中文	念法	附註
甜點 doce / sobremesa（哆洗／搜布蕾妹撒）			
arroz doce	甜布丁	阿ho斯・哆洗	米、糖、煉乳製成的甜食。
açaí	巴西莓	阿撒意	巴西特有的果實，做成黏稠狀，成為能量點心，可代替正餐，做成果汁則為能量飲料。
bolo de cenoura	胡蘿蔔蛋糕	波魯・吉・誰諾烏拉	「波魯」是蛋糕，有各種口味，「吉・芭娜娜」就是香蕉口味。
creme de papaya	木瓜冰霜	可拎米・吉・帕帕亞	以木瓜打成的濃稠狀甜點，上面淋水果甜酒。
merengue	蛋白霜	美拎gi	入口即化的蛋白霜，通常是搭配「某浪狗」（morango，草莓口味）。
mil folhas	千層派	miu・豐里呀斯	
pamonha	玉米甜粽	寶摸娘	
petit Gateau	熔岩巧克力蛋糕	佩奇・卡杜	
pudim	布丁	噗勁	巴西人的最愛。
quiche	起司塔	吱血	餅皮以起司為主料，填充不同的鹹料。
tapioca	木薯粉製的巴西小點	塔痞喔卡	白白的木薯粉和水現煎的餅，加肉或起司是鹹點，加巧克力或水果就變甜點。
torta de limão	檸檬塔、派	討（台語）爾達・吉・拎夢	「討爾達」是以餅皮製成的派，不同的材料後面就「吉」不一樣的字。在里約，連蛋糕也以「討爾達」稱之，泛稱大塊糕點。

千層派和草莓塔。

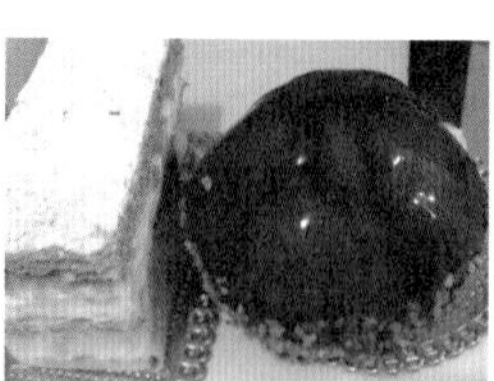

熔岩巧克力。

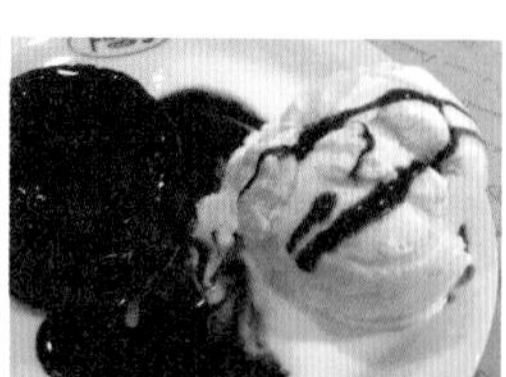

巴西莓能量冰品阿撒意。

名稱	中文	念法	附註
飲料 bebida（北逼打）			
acerola	西印度櫻桃	阿誰囉拉	巴西的果實，多半以冷凍包打成果汁。
agua	水	阿寡	
agua com gás	氣泡水	阿寡・共・軋斯	
café	咖啡	卡廢	一般指濃縮咖啡espresso。
cafezinho	小咖啡	卡廢西扭	便宜的手沖粉泡咖啡。
café com chantilly	鮮奶油咖啡	卡廢・共・想起令	濃縮咖啡加鮮奶油，巴西的鮮奶油多為自家現打，非常綿密香甜。
cachaça	甘蔗酒	卡瞎傻	顧名思義，喝了就瞎了、傻了，酒精濃度高的白酒，像高粱、白乾一樣讚，但易醉。
caipirinha	巴西調酒	卡依比里娘	
refrigerante	汽水	嘿弗雷傑浪起	泛稱所有汽水。
guaraná	瓜拉納汽水	瓜拉納	巴西的一種果實，可提升記憶力，廠商製成汽水後，成為巴西國民飲料，可口可樂公司打對台做了類似的kuat（掛起）。
suco	果汁	潄苦	suco後加不同的水果，即為各類果汁，例如：suco de laranja（潄苦・吉・拉楞甲）是柳橙汁、de melancia（吉・美朗西亞）是西瓜汁、de milho（吉・咪里喔）是玉米汁。

焦糖拿鐵。

瓜拉納汽水。

法蘭的咖啡屋（Fran's Café ）

網址 / www.franscafe2.com.br

連鎖咖啡店的咖啡就屬法蘭的咖啡屋最香，而且口味又多元，除了各式熱咖啡，它的冰咖啡是最受年輕人歡迎的。這家店的駐點相當多，幾乎每家百貨公司都有，主要商業區、住宅區也都有專門店。閒妻以前常到公園附近的專門店寫稿，它的特價早餐豐盛又便宜，有法式小麵包配盒裝果醬、奶油，還有半片木瓜、一大碗水果沙拉，外加一杯現打柳橙汁和一杯咖啡或茶，從早坐到晚光，叫客早餐才十幾二十塊巴幣。有英文菜單。

拉蒂妮的麵包坊（Padaria Latine）

地址 / Rua Joaquim Floriano 768, São Paulo

位於伊塔印（Itaim Bibi）高級商業區的「拉蒂妮的麵包坊」是客家姐姐葉莉煒的店（所以有時講中文嘛A通喔），因為開在嘴很挑的白領上班族聚集處，不管是食材或手工都非常講究，這裡的鹹點個個飽滿紮實，甜點在網路上更是大獲好評，也提供商業午餐。老闆葉莉煒名字音同「立委」，加上熱心服務僑胞，常被戲稱是真正為民服務的葉立委，幾乎所有來巴西參加甜點比賽的年輕人都受過她照顧，世界甜點聯盟青年錦標賽第四名的魏嘉佑就是一例。來到聖保羅出差，若到伊塔印區開會，不妨到拉蒂妮坐坐，除了好吃、好喝，還能順道感受同鄉台灣情。

寶摸娘驛站（Estação da Pamonha）

地址 / Estr. Mogi-Bertioga, 19125, km 69, Mogi das Cruzes, SP

從聖西巴斯奇翁海岸線回聖保羅的路上，走山路會經過華人六大家族移民的農村摩吉達斯庫魯塞斯（Mogi das Cruzes），在還沒到摩吉村之前的公路轉角，有家像高速公路休息站的寶摸娘驛站，專賣玉米類點心，當然一般的雞肉串等炸物也有，但最出名的就是它的寶摸娘玉米甜點和玉米果汁。這套典型的鄉下點心雖然超市也有賣，但口感差很多，吃來吃去就是這家最好吃。閒妻每回去海邊，最期待的就是回程可以吃到這裡的寶摸娘（因為在馬路另一頭，去程不好迴轉，太危險，只能回程順路停）。每逢假日，就看到它的門前廣場停滿回聖保羅的私家車，儼然已成了聖保羅人海邊度假返家的必走行程。

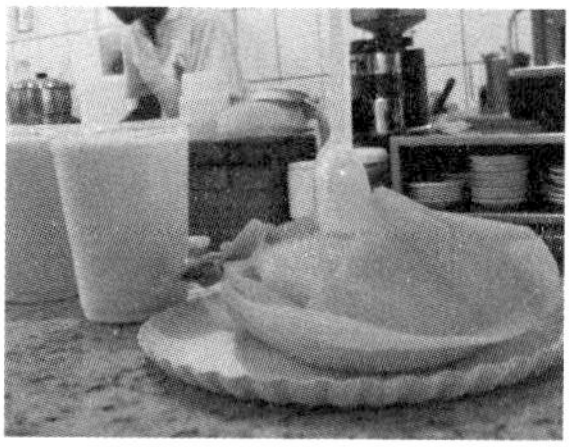

大市場（Mercado Municipal）

最好吃的義式火腿三明治和巴西炸盒子在聖保羅市立大市場。大市場資訊詳見第142頁「大市場：葡、義、日同台飆美味」。

吃肥肥 小貼士

● **片片的愛甜點店（Amor aos Pedaços）**

網址 / www.amoraospedacos.com.br/home.php

這家甜點店比一般咖啡店貴一點，但它的手工冰淇淋和甜點特別好吃，閒妻最愛的是它的草莓蛋白霜，配上加鮮奶油的濃縮咖啡，好甜，但好讚！除了街邊有專門店，部分百貨公司裡也有設點。

● **歐芬能點心屋（Ofner）**

網址 / www.ofner.com.br

歐芬能的點心是有名的，尤其是它的粉泥雞腿，外面的粉皮滑軟味鮮，裡頭的小雞腿既胖又保有肉汁，閒妻的妯娌每回從巴拉圭來訪，都要買一整盒上飛機才甘心。這裡還有難得的義式濃郁熱巧克力，真的有夠香濃，但也很甜，巧克力迷的女生一定超愛。閒妻還喜歡它的蝦蝦餡餅（empada de camarão）和巴西檳榔心餡餅（empada de palmito），還有它的千層派蛋糕。在多數高級百貨公司都有駐點，少數如花園區等高級商業區也設有專門店，部分店面會開到半夜，讓愛吃甜食的夜貓族有地方可以滿足一下。有英文菜單。

● **阿嗶比斯阿拉伯式速食店（Habibis）**

網址 / www.deliveryhabibs.com.br

第一次到巴西的飛行途中，鄰座一個可愛的巴西小弟（應該高中剛畢業吧）一直和閒妻攀談，於是閒妻順口問了他巴西有什麼必吃的，他的建議就是阿嗶比斯，雖然後來被閒妻夫嘲笑，「高中生說的廉價食物，你居然把它當必吃美食。」但其實他自己也很愛吃。便宜又美味的阿拉伯速食店，主張一塊錢巴幣就可以飽餐一頓，每個阿拉伯餡餅都不到一塊巴幣，逢不同日更有不同款式的餡餅買一送一，現打果汁買五百毫升再加送五百，實在有夠划算。除了阿拉伯餡餅，閒妻最愛是高麗菜捲，因為它最像東方菜，懶得煮飯就買來當中午便當，還附黎巴嫩米飯和阿拉伯薄餅。最重要的是它有外送服務，哈哈，在家上網按一按鈕就有得吃了。

一路傳承混血口味的傳統美食

「我覺得巴西食物都沒有自己的特色，烤肉不就像日本的串燒，炸盒子也是從我們的煎餃發想出來的，炒麵根本就是道地的亞洲菜。」

班上的青島妞此話一出，巴西老師們個個反駁，「沒有，巴西多的是本地特有的傳統菜餚。」作為民族大鎔爐，巴西菜的確多少夾雜了移民來此的各地文化，但經過發揚光大，逐漸形成了自己的獨特風味，例如炸盒子就是轉型得完全不一樣的道地小吃，還有非洲傳來的燉海鮮（moqueca），經過本地的改良，也超越了原著，而真正巴西土生土長的奴隸美食黑豆燉飯（feijoada），現在根本是巴西人一出國就特別想念的家鄉味。

在這個單元，閒妻要特別介紹幾種風味特殊的巴西傳統美食，有機會來巴西，你一定要嘗嘗看喔！

某給卡

「某給卡」（moqueca）這道巴西北部的燉海鮮料理真是香得不得了！當年被運到北部沿海的黑奴媽媽們，融合了非洲海岸雜燴料理的椰奶風格、多種當地香料和豐富的海鮮，創造出這道獨具風味的在地美食，通常以砂鍋燉煮，魚肉和貝類是基本海鮮底（moqueca de peixe），加了蝦的會貴一點（moqueca de camarão）。在海邊的餐廳，像美麗島上的海景餐廳，會將南瓜挖空作為容器，南瓜的蔬菜甜味也深入其中。閒妻吃過最棒的某給卡是在巴伊亞的首府薩爾瓦多市，整間店滿溢著濃濃的海鮮香，一個個穿著白色蓬裙、頭包白布的非裔媽媽，捧著有兩個閒妻臉大的鍋子上菜，裡頭裝滿熱騰騰的某給卡，用料居然是龍蝦和大量的海魚，誰還管它胖不胖，讓我胖得跟黑媽媽們一樣都甘願（開玩笑的，回家趕緊減肥）。現在聖保羅很多餐廳也

某給卡的美味，讓人胖到和黑媽媽一樣大隻都甘願。

吃得到，在香噴噴的白飯上淋上一匙某給卡，再加上魚漿配料「比隆」（pirão），喔嗚~閒妻姐姐在巴西的海邊吃了一口就欲罷不能，連扒好幾碗飯。那個……中年婦女麻煩注意一下，這很多澱粉，年紀到了要減下來不是那麼容易喔。怎麼辦？好像勸不動耶。想來是巴西海邊充滿頂著大腹的比基尼阿婆，大家的危機意識都沒了，算了，誰叫某給卡的魅力無法擋呢？

某扣抖

如果到街上的小吃店問老闆有沒有「某扣抖」（mocotó），他一定會睜大眼睛看著你，然後抱以熱情的回應。這可是巴西北部的窮人美食，用一堆剩下的便宜食材如牛筋、牛雜、牛尾加番茄、洋蔥、香料、雞湯等煮到爛的濃湯。運氣好，當天正好有供應，冷天來一碗，加點辣，超級暖和；運氣不好，賣完了，就要看老闆願不願意從廚房把自己私藏作晚餐的那一點拿出來分你。剛結婚時，我們住在比較窮的區，附近有很多便宜

平民小吃某扣抖，還不是想吃就吃得到的哩～

的市集和小吃店，有天夜裡小夫妻倆散步經過巷子裡的小店，閒妻夫突然很想念小時候住在鄉下吃的某扣抖，直覺這樣破爛的小店肯定有。一問之下，老闆一臉驚訝，好像在說你們這些外國人怎會知道這麼道地的菜，緩緩的回我們，「每個禮拜五我都會煮，今天只剩這點，不然請你吃好了，下週五帶鍋子來裝吧。」在香濃的某扣抖滴上幾滴巴西辣椒，閒妻夫那滿足的臉，閒妻至今難以忘懷。但，那湯真的好濃喔，還好老闆只剩一點，再多我就喝不完了。

牛尾

相信嗎？在台灣，閒妻根本不吃牛尾（rabada）的，到了巴西卻愛得很。巴西的牛尾走的是北部的鄉下風，以辣椒、大蒜、洋蔥、豆瓣醬等去拌炒，再加上幾片肉桂葉去燉。閒妻夫很愛燉牛尾拌飯，為了做個賢妻，閒妻只好跟著吃看看，才好學著在家做。沒想到，一吃成主顧，那貼在尾骨上Q彈有勁的肉，肥中帶瘦，浸在濃郁的醬汁裡，再加上一起燉爛的木薯，我的媽咪呀，我終於懂閒妻媽為何老愛吃這詭異的部位了。在巴西的秤重自助餐店也常有這道菜，雖然加了骨頭有點重，閒妻還是看到就會拿一些，重一點也就算了。它，真的值得。

黑豆燉肉

黑豆燉肉，fejoada，念作「肥熊阿達」，聽音就知道，這道菜吃了肯定肥壯得像頭熊。黑豆燉肉是巴西很傳統的一道平民料理，它其實是早年貧苦黑奴們的營養大鍋菜。殖民時期的奴隸們沒法吃飽，每天就是撿主人家剩下的廚餘或剩下的生食，加入一大鍋的豆子燉煮出來的大雜燴，演變至今，以黑豆為主要基調，加入豬尾巴、豬腳、乾燻醃肉、香腸等燉煮數小時，淋上香噴噴的白飯及「法囉發」（farofa，以蛋、培根、葛粉拌炒而成的粉），再佐以柳橙片及甘藍菜解膩。黑豆、白飯、法囉發都是充滿澱粉的食材，即便什麼肉也沒有，仍是分量十足、容易飽食的一餐。因為分量和口味都很重，有些餐廳會提供黑豆肉湯（caldo de feijo），一小杯的濃湯，配上幾塊麵包和酥炸豬皮，讓小鳥胃的人也能享受傳統美味又不會浪費剩食。

在異鄉嘗到這道菜的巴西人都會格外思鄉，不管是巴西前總統卡多索（Fernando Cardoso），或是被壓迫者劇場創始導演波瓦，在流亡時期都特別想吃這道菜。別說受政治迫害流亡海外，連難得陪閒妻回台灣一、兩個

黑豆燉肉之於海外的巴西人，有著濃濃的鄉愁。

月的閒妻夫，才待沒多久就在想念比嘎娘和肥熊阿達，比嘎娘就算了，肥熊阿達在巴西也沒常吃，偏偏一出巴西不過幾週，就會開始想念。閒妻好不容易在台北找到唯一一家週末有提供肥熊阿達的森巴披薩坊，才吃第一口拌飯，他老兄就感動得快掉淚，直喊：「就是這個味，太想念了！」有沒有這麼誇張？喔，老闆正是巴西人，難怪那麼道地。看著我們吃得那麼激動，老闆再送上一小杯醋漬番茄洋蔥給閒妻配比嘎娘牛排飯，這會兒換本姑娘痛哭流涕了。喔耶，就是差這一味，超讚的啊！好囉，台北真是我的家，不僅有好吃的台灣小吃，連道地的巴西美食都有了，老公，我們回台灣長住吧～咦，怎麼不理我？

吃肥肥小貼士

● 米納斯人的恩典（Graça Mineira）

地址 / Rua Machado Bitencourt, 75, Vila Mariana, São Paulo

網址 / www.gracamineira.com.br

一般的餐廳每週三、六會有黑豆燉肉商業午餐，這家位於捷運聖塔庫魯斯站（Santa Cruz）後巷的米納斯州料理餐廳，天天都有供應黑豆燉肉，分量大，口味道地，是聖保羅很知名的黑豆燉肉餐廳。

● 沙哆（Restaurante Sato）

地址 / Rua Galvão Bueno, 268, Liberdade, São Paulo

位於日本城的沙哆快餐店真是CP值超高的商業午餐好去處，綜合了巴西餐和日本餐，每套餐R$15～25，一盤餐有主菜、白飯、黑豆淋醬，餐前會送麵包（pãozinho）和生菜沙拉（生菜沙拉可換成馬鈴薯沙拉或薯條）。門口備有保溫瓶，飯後可自取小咖啡（cafezinho）或茶再離開。這邊的牛尾飯真是好吃到不行，只供午餐。

● 森巴披薩坊

天母店 / 台北市士林區德行東路128號

信義店 / 新光三越信義店A4館地下美食街

新竹店 / 新竹市北新街62號

在巴西長大的台灣妹帶著巴西女婿回到台灣開的巴西小吃店，在台北天母、信義區及新竹都有分店，由兩夫妻和子女們的小家庭共同經營，以巴西風味的披薩和炸盒子等小吃為主，週末假日老闆有餘力時，會推出比嘎娘牛排飯和黑豆燉肉飯，讓巴西同鄉懷念一下家鄉味，在哪一家分店推出，就要看負責煎牛排的老闆那陣子在哪家看店了。

榨乾荷包也含笑之巴西必敗手信

「姐姐，巴西到底有什麼好買的？」

「多的哩，名模最愛的橡膠香香鞋、巴西人字拖、巧克力、咖啡、蜂膠、巴西蘑菇……，吼，買不完的啦！你要把握難得一人有兩件各三十二公斤的行李限重，好好搜括一番，搞不好連機票都回本了！」

傻傻問閒妻這個問題的咱家妹妹，後來帶了三十幾雙哈瓦仕人字拖、三十幾雙梅莉莎橡膠香香鞋、一箱蜂膠、半箱行李的巧克力和咖啡，返台分送親朋好友，還沒算她旅途中一路買的紀念品和比基尼。幸好帶了妹夫一塊來，多兩箱行李的額度，再加送負責扛貨的行李工。老公們，你們真的好重要喔～

咖啡

你知道巴西是全世界最大的咖啡出產國嗎?不知道!現在閒妻告訴你就知道啦。既然知道了,來到巴西還能不買幾包咖啡回去好好品嘗嗎?

巴西不僅是最大出產國,本國人的咖啡用量也很驚人,根本是世界第二大的咖啡消費國,幸虧自己家有種,否則哪裡吃得消?在超市裡,滿滿一排的銷售櫃都是咖啡產品,從即溶、手沖粉到咖啡豆,輕度、中度到重度,沒機到有機,廉價牌到高級牌,花花綠綠什麼都有。到巴西出差或旅遊,咖啡是最划算又體面的伴手禮。記得,在超市先買好,機場只有一個牌子——巴西人的咖啡(Café Brasileiro),也不錯喝啦,但是價差超大,而且算美金喔。

閒妻初來玩時還沒有喝咖啡的習慣,看到粉狀就以為是即溶咖啡,買回去送同學,結果同學喝了一杯跟我說:「那個咖啡,喝了有渣耶。」瞎密?原來粉狀不一定是即溶,巴西普遍在賣的都是要沖泡的咖啡粉,一台咖啡機很便宜,幾十塊錢巴幣就有了,再不然到一元商店買個兩、三塊巴幣的沖泡杯和濾紙,慢慢沖熱水,就是平常在路上小店喝到的一杯兩塊錢的咖啡西扭。而即溶咖啡這類加工產品還比較貴,只有雀巢等大廠有在賣。

有機咖啡當然比較貴，不管是咖啡粉或咖啡豆，價錢都是翻倍，上面會註明orgânico。沒機的咖啡中，三顆心（Três coração）這個牌子價格以上的咖啡粉就很不錯了，至少帶回台灣送親友都有被稱讚。閒妻夫喜歡咖啡句點（Café do Ponto）這個牌子，特別濃郁，很適合咖啡重度上癮者。這兩個品牌在百貨公司都有自己的據點，閒妻喜歡在送狗女兒去美容時，找家咖啡句點的沙發來杯濃縮咖啡，打開電腦裝文青，很優雅的等待狗公主打扮好。其實是因為很划算，點一杯香濃咖啡，送一小塊松露巧克力，還加一小杯氣泡礦泉水（比較好的咖啡站通常點濃縮咖啡都會送氣泡礦泉水和一塊小西點），才不過六塊錢巴幣（不到台幣五十元），絕對比星X克好喝一百倍。時間夠多的話，可以在百貨公司裡嘗嘗不同品牌的咖啡，再到超市買自己喜愛的口味。

其他像有註明米納斯州的咖啡也很不錯，畢竟米納斯州是巴西最主要的咖啡產地。選擇實在太多了，總之記得多留點時間逛超市。

香濃義式濃縮咖啡搭上氣泡式礦泉水，連閒妻的小公主狗女兒都看著流口水呢！

巧克力

又來了，你知道巴西是世界第三大可可豆產出國嗎？好啦，可可豆原料多，不代表做出來的巧克力夠讚，再怎麼樣也比不過比利時的巧克力精緻啊。不過，南美洲確實是可可豆的發源地，以原料品質來看的確是上乘之作，加上巴西人那麼愛吃巧克力（看他們小腹大得像套了兩、三層游泳圈，還敢個個說自己很瘦，就知道啦），超市的巧克力種類琳瑯滿目，家家戶戶的食品櫃裡隨時都有儲藏巧克力製品（對，我說的就是我家，誰叫我們家有個年過三十的零食狂熱者，果然是黃皮巴西人）。

巴西本地的廠牌，像青少年（Garoto）、拉克塔（Lacta），都是平價又不錯吃的巧克力。閒妻喜歡買一整盒裡面有該品牌從低價到高價各式口味的包裝，可以品嘗不同的驚喜。國際知名品牌，如雀巢和Hershey's，也有巴西工廠，還有來自亞馬遜的高價巧克力，品牌實在太多，包你看得眼花撩亂。

走出超市，在百貨公司或街上，有幾家本地高檔巧克力專賣店，如可可秀（Cacau Show）、柯潘漢傑（Kopenhagen）、巧克力巴西可可（Chocolates Brasil Cacau）等，風味都不輸歐洲品牌，當然價格也不太親民就是了。

在日本城還有專賣觀光客的精美包裝咖啡豆巧克力，外盒是木製圓桶，裡頭是整顆的咖啡豆，外包巧克力糖衣。剛來玩的幾次覺得好特別，拿來送師長多體面，後來某次閒妻夫看到我專程去找日本阿嬤買時，問了我一句：「你也知道這個放到咖啡裡喝會特別香喔？」才發現那不是直接吃的，而是要丟進咖啡裡，讓巧克力融入咖啡，又能添加咖啡豆的香醇感。媽咪呀！還好已經順利畢業了，吃巧克力時誤啃咖啡豆的教授們別怪我，我很有誠意，特別去買了比較精美的禮品送你們，只是當初搞不清楚狀況而已。

P.S.據閒妻觀察，當年有收到精美咖啡豆巧克力的老師們，這幾年看來都滿生龍活虎的，偶爾誤食一、兩顆生咖啡豆應該無礙吧？啊，最好還是不要啦！搞不好是他們自己很聰明，知道是要丟進咖啡的，不像閒妻這麼呆。

人字拖

不知從何時開始，巴西的人字拖變成國際時尚的潮流。閒妻第一次到巴西時，壓根不曉得什麼是哈瓦仕，只因為在沙灘穿球鞋不方便，才在學生的建議下買了雙有巴西國旗標誌的基本款。回到台灣才發現，原來這拖鞋這麼紅，再看一下價錢，哇哩勒，是我買的兩、三倍價錢，早知道買一打回來賣（說說而已，我也沒那個美國時間去做網拍啦，千萬別私訊我做代購喔）。

前面〈時尚花園買不累〉中介紹過名店街的哈瓦仕旗艦店，雖說旗鑑店的貨色比較齊全，價格又和超市一樣便宜，但這玩意兒還真是各大百貨公司均售，只是依店面的地段不同，每雙鞋的單價也有一點差異（通常百貨公司貴一點），但換算成台幣還是便宜許多，又不用特地坐計程車跑一趟名店街。注意到了嗎？「和超市一樣便宜」，那就是說，各大超市也有囉？沒錯，閒妻的搶購人字拖祕技就是先到超市掃貨。巴西很多在地大賣場會有一整區的生活用品，人字拖這種像台灣藍白拖的東西，根本整排都是，而且全是當季款或經典款，只是較普遍的鞋號有時會缺貨，還有些特定的流行款只有大百貨或旗艦店才有，這時就需要專程去旗艦店補貨了。在返台之前，不小心在百貨公司的專櫃看到漏網之魚，礙於時間緊迫，再勉強買它幾雙。

除了哈瓦仕外，有了名模吉賽兒·邦臣（Gisele Bundchen）的代言加持，連另外一個菜市場品牌伊帕內瑪人字拖也火紅了起來。是的，這也

巴西人字拖款式多樣又好穿，大受國際好評。

是在超市找得到，就在哈瓦仕的隔壁架上。有沒有比較好呢？倒是見仁見智，若是為了吉賽兒的話，就不用了吧，這位阿姨退休後接了不少巴西代言，從巴西本地名牌首飾「菲法拉」（Vivara）、有線電視「天空」（Sky），到被女總統看了眼紅禁播廣告的內衣廠商「希望」（Hope），總不能一網打盡吧？好啦，閒妻的定情戒就是菲法拉的，但是當年她還沒代言，很便宜呢，一對白K金的線戒才一百七十塊巴幣，被她代言後現在可是漲到了七百多。有賺到，耶！題外話，總之，伊帕內瑪沒有旗艦店，偶爾在小家的百貨公司可以找到專櫃，但還是超市的貨最齊。

有了吉賽兒的代言，巴西本地珠寶品牌菲法拉身價水漲船高（左圖）。
二〇一六年里約奧運，哈瓦仕當然不會放過這個商機，推出期間限定的奧運系列人字拖（右圖）。

蜂膠

如果家有長輩，一定會被叮嚀要帶巴西蜂膠（própolis）回去。蜂膠這玩意兒聽說能夠增強免疫力、預防感冒、治療糖尿病……，這些功效閒妻沒特別去驗證，但對閒妻來說，倒是恢復好歌喉的特效良藥無誤。以前在學校教書時，有時教到通識課的大班級，即使掛了麥克風，偶爾還是得大小聲一下，免得演講廳後方同學聽不到。迷上巴西足球後，每逢支持的隊伍進球時，跟著高喊「gooooooool」，喉嚨馬上嗽聲，尤其後來常直接上戰場，喔，不，是球場，跟著其他兩萬個同好一起喊，嗓子怎麼可能不掛點呢？後來它就成了我帶回台灣的常備藥品了。據每次都請我帶貨的媽媽級朋友說，連小孩被蚊蟲咬傷，都能拿滴劑稀釋後做天然的外用藥。哇，也太萬用了！閒妻家是沒在用啦，我們家三十多歲的大兒子很不聽話，不接受那股藥味，連他鮮嫩欲滴的老婆噴完求吻，都被列為拒絕往來戶。

蜂膠在巴西各大藥房都有零售，但濃度較低，倒是在日本城的東方店找得到農場直營的品牌，較普遍的綠牌或花牌都不錯，就是要小心看清楚包裝，印刷不精良的可能是冒牌貨。一般來說，華人經營的雜貨店賣的品質都還算有保障，畢竟許多蜂膠場是台灣人經營的。

香香鞋

也就是在時尚名店街有專門店的梅莉莎，當然同樣在各大百貨均有專櫃，許多商業區的街上也有店家販售，價格均一，不像哈瓦仕會分地段抬價，但很多款式和鞋號要碰運氣，也可以在官網（www.melissa.com.br）購買，但需要添加運費，而且只送巴西本地的地址。

時尚教母的合作款香香鞋，感覺就是不一樣～

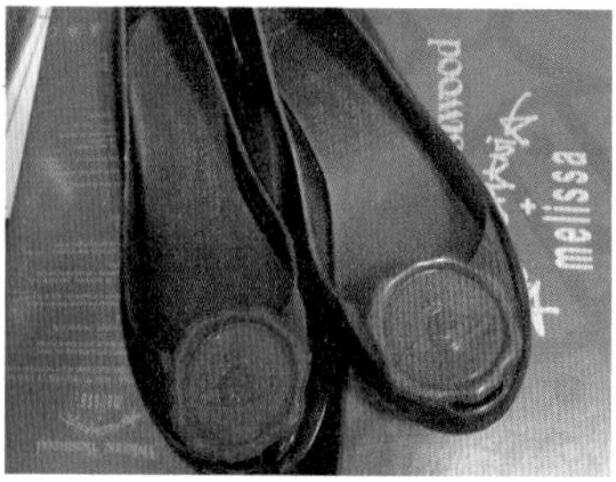

甘蔗酒

劇團朋友來玩耍，帶著他們到超市大採買，一個轉身看到購物車上多了瓶閒妻平時用來替代米酒炒菜的「51」白酒，疑惑的問他們，買這是要留給我煮麻油雞嗎？搞了半天，原來是想要買巴西特有的甘蔗酒（Cachaça），向店員雞同鴨講得到的推薦品牌。唉喲，店員推薦平時常喝的當然是最便宜的酒，還不到十元巴幣哩，既然都飛那麼遠一趟，何必帶巴西國產的紅標米酒回家，至少也買個伊比歐卡（Ypioca）或桑卡奇巴（Sagatiba）回去才值得。運氣好，看到上面多個「Mel」的字眼，趕快搶下來，那是不常有貨的含蜂蜜甘蔗酒，女生最愛，甜甜的，超好喝，但是後勁很強，要小心喔～

CHAPTER

4

閒妻教你撂葡語

閒妻葡語搞笑史

移居異鄉生活，最不能適應的大概就是語言問題了，尤其像閒妻這樣熱愛嘰哩呱拉的歐巴桑，遇上溝通障礙，就只有一個字——「悶」啊！

婚前就愛一個人世界各地趴趴走的閒妻，雖然只會中、英文，但旅遊用的各國語言可從來沒難倒過我，掌握好兩大原則，做足行前功課，記住目的地國家語言的各式關鍵字，世界任我遊！可是，長住下去可就沒那麼簡單了，尤其在英文完全不通、南北口音和俚語相異、文法規則艱深的葡萄牙母語國巴西，聽不懂是一回事，講錯麻煩可大了。

這個神奇的國家，在生活所及的各行各業中，不管是銀行、醫院、學校或政府機關等，要找到個會講英文的人，機率真是比中樂透還低。在聖保羅市中心的話，搞不好中文、日文都比英文還通。雖說大學畢業後，就恭恭敬敬的將選修一年的西班牙文全數還給老師，但到了拉丁語系國家，還是乖乖的重新將課本拾起，想著應該還能暫時用破爛西文混一陣子吧，何況聽來真的挺像的呀。誰知，第一年就踢鐵板，而且還攸關性命哩……

雞同鴨講真要命

有回閒妻得了急性腸胃炎，被閒妻夫飛車送到醫院急診室，醫生馬上先送兩筒點滴侍候。私立醫院的病患留置室是獨立分開的空間，自動門以內僅限病患和醫護人員停留，陪病家屬需在外頭等候。初來乍到的閒妻，葡文一句都不會，只能任人宰割，可那胖阿姨不知是急著下班還是怎麼著，點滴速度叫虛脫的閒妻頭昏腦漲。想起先前複習過的西文——mas despacio（慢一點），這可是實用字啊，對方講太快讓人聽不懂時的必殺技。熟料，胖阿姨瞪了我一眼，話也不回一句，逕自把我的點滴轉得比雲霄飛車還快，此時的閒妻已陷入絕望，決定直接昏睡過去一了百了（胖阿姨是在整我嗎？小的再也不敢提要求了）。

原來，同屬拉丁文的西文和葡文雖然很像，但又不太一樣，多數的字母類似，但意義完全不同，比方說mas，西文是「再……」、「更……」、「多」的意思，葡文卻是「但是」、「可是」、「然而」之意；mais則相反，是西文的「但是」，葡文則是「多」的意思。而前面閒妻跟胖阿姨說的despacio，在西文是「慢」的意思，發音類似葡文的despacho，意思卻是「調度」，胖阿姨應該是覺得這妞大概拉肚子拉到瘋了，在說什麼瘋話，趕快打完點滴叫她走吧！

許久以後，在快速道路出口匣的慢車道地上，看到印著大大的白色字體「DEVAGA」，頓時大澈大悟，啊~這個字才是「慢」啦！Mais devagar，再慢一點，實在太好用了。

葡文發音偷吃步

在巴西打滾多年，總算讓閒妻悟出了些偷吃步。

記得以前在語言學校上課時，法國、瑞典、哥倫比亞等歐洲及南美洲國家的同學都學得很快，好吧，都是拉丁語系嘛，輸在起跑點，我認了。可是，最不用功的美國大叔怎麼上課也應對得不錯呢？雖然有點卡卡的，但多少還是回答了老師的問題，再仔細一聽，這口音怪怪卻很熟悉。搞了半天，他把不會的字全加重為巴西口音的英文來說，那不就類似我們到日本常耍的招數嗎？把英文念不標準，再加個尾音e或o，就變成巴西人聽得懂的外來語了嘛！

好比說，護照passport，葡文是passaporte，用葡式發音就是「帕撒潑兒奇」；沙漠

desert，變成deserto，就是「得色兒哆」。但甜點dessert可就天差地遠囉，葡文的甜點是sobremesa，念作「搜布蕾妹撒」，原來的意思是「桌子上的」、「關於桌子的」，或許是因為甜點是餐桌上重要的結尾餐點吧，另外也可以用doce，念作「哆洗」，意思是甜的。

還有所有的名詞、副詞外來語也可如法炮製，比方說，「關心」的英文是consideration，將尾巴tion改成「頌」，就成了葡文consideração，念作「孔西德拉頌」；「打針」的英文是injection，念成「盈街克頌」，就成了injecção。掌握住這個偷吃步，偶爾還是能和巴西人閒聊瞎扯一番。

閒妻有很多生活用字是在菜市場買菜時跟攤販學的。巴西文盲多，雖然葡文念法和寫法一致，但基層民眾多半會說不會寫，就連講的方式也是文法錯誤連篇，但彼此意思懂了就好，甚至競選地方民意代表，學歷欄填上「識讀寫」，就算過關了。於是乎，每回閒妻和魚販、菜販學了新字，就得想辦法以諧音記字，因為問他們字要怎麼拼，想寫下來回家複習是不可能的。好比說：吸管canudo，就是台語的「加」和英文的「麵」（noddle），台英版「加麵」——加noddle，就成了吸管的發音「嘎努抖」（完全就是一個超想念台灣牛肉麵店免費加麵的狀態）；而塑膠袋sacola，就是台語的「三塊啦」，念作「撒扣啦」。這樣下來，總算也是順利度過了幾年光陰。

比較麻煩的是，葡文中有好多字類似，意義卻完全不同，有時發音偷點懶，可能就把對方搞得一頭霧水。比方說，天氣好熱，閒妻在市場和旁邊一起挑馬鈴薯的阿婆攀談：「卡摟（好熱喔）～」阿婆邊應付閒妻心裡一定邊想著：哪有那麼貴？喔～原來「卡摟」caro是「貴」，「卡漏兒」calor才是「熱」啦！向肉販要盒「ㄅ扣」，肉販不停的問：「你到底要『一點』什麼？」啊～原來「ㄅ扣」pouco是「一點點」，「ㄅ兒扣」porco才是「豬肉」啦！好在比手劃腳一下，最後還是能完成任務。閒妻最常做的就是，在餐廳向服務生要湯匙，「麻煩給我一隻『扣A里歐』（coelho，兔子，意即：請給我來隻兔子）。」侍者總是愣了一下，但還是很聰明的找根「扣梨A兒」（colher，湯匙）給我。比較可怕的還是買我愛的馬鈴薯麵包，很開心的到麵包店大喊：「給我來個『蹦・吉・把拉蹋』吧！」整家店的客人都要跳腳走人了。唉呀，不好意思啦～「把拉蹋」barata是「蟑螂」，「把蹋蹋」batata才是「馬鈴薯」啦！

巴西人最適合到日本玩？

話說上回帶閒妻夫到北海道大啖鱈場蟹一個禮拜，這位不能一天沒有咖啡的重度癮犯老是吵著要「卡廢、卡廢」（café），好不容易在溫泉旅館附近的便利商店尋獲，而且咖啡機裡居然是現磨咖啡豆（嗯，風味果然還是和巴西差很多），我們家小朋友當然high得不得了，閒妻趕緊用我的破爛日文到櫃檯買杯子，小姐結完帳問了我一句：「候抖？扣抖？」啥？就コーヒー（咖啡）、熱い，什麼猴子抖、蝌蚪的？就在此時，小朋友突然變回男人，湊上來說：「Hotto，她問你是不是要熱的。」什麼？原來是特地跟我說英文啊，居然給閒妻夫聽懂了。這下他可得意了，屁股翹得高高地手舞足蹈，「Hotto當然就是熱啊，kotto就是冷嘛，這麼簡單也不懂，嘿嘿～」閒妻這才恍然大悟，對嘛，他們巴西人的英文就跟日本人的英文很像，每個字尾都會加重口音，難怪他一聽就懂，巴西人真是很適合到日本旅遊呢！好啦，整趟旅程就有個小朋友三不五時跟我在那候抖、扣抖，早上就是「老婆，我要喝咖啡，候抖、候抖」，晚上就來「老婆，抱抱，扣抖、扣抖」，對，北海道超冷，這個熱帶男直發抖。夠了！別再抖了！連回台灣一個月還給我在那每天候抖、扣抖的吵，玩得也太開心。

在貧民窟幫加拿大醫療團隊做翻譯時，另一位翻譯巴西妞和我聊了起來，她說在她的家鄉有個bigi leki很漂亮，我想了很久還是猜不透那是什麼，她到底是在跟我說葡文，還是印第安杜比語？我們剛才不是用英文在溝通嗎？好，所以leki嘛，我猜出是湖（lake）了，那bigi到底是什麼？比基尼的姐姐？巴西妞不停的比手劃腳重複說bigi、bigi，搞了半天終於懂了，原來是big啦！小姐，你要不要直接跟我說葡文啊？（閒妻已經呈現快抓狂狀態）巴西人念葡文單字一定會在尾巴加重母音，好像他們不會念輕音一樣，每個字母發音都很清楚，也難怪他們念英文時，像g、e、k或t之類的輕音結尾，一律自動加個i母音在後面，好比說，蛋糕是k-ki（cake），粉紅色是pin-ki（pink），VIP是vi-pi，手提電腦是nochi-booki（notebook），以此類推。有回看到朋友的五歲小孩在看企鵝卡通《快樂腳》，很開心的和他搭訕，「你在看《*Happy Feet*》啊？」他居然還糾正我，是「happy fichi」，好，我錯，在巴西就要用巴西口音的英文，傻眼！怪不得日本人學葡文學得快，而閒妻夫那麼快就能弄懂日式英語，對於外來語，他們有類似的一套邏輯啊！

好用必學葡語集錦

除了把英文轉個音、加個字尾音，到巴西玩，還是要臨時抱點佛腳學學基本葡語，否則連點菜、找廁所都很麻煩哩！

早安／午安／晚安
bom dia／boa tarde／boa noite

打招呼是最基本的，一般人到了南美洲都會先來一句西班牙文：「Hola（喔拉）！」在巴西也通用，只是寫法不同：olá，字面上看起來像是要念「喔拉」，但它正確的打招呼是「喔依」（oi），所以有家本地電訊公司乾脆就叫Oi，因為打招呼、接電話一開頭就是「喔依」，像我們的「喂」一樣。

早上見面喊的是「bom dia」（蹦·吉阿），過了中午就要轉「boa tarde」（蹦阿·大而吉，捲舌音），夜貓子閒妻就常午後才起床，一出門直覺地跟人家喊早，被巴西人笑了好幾次，是睡昏了頭沒發現不早了嗎？到了晚上就要說「boa noite」（蹦阿·弄一起）了，bom和boa都是「好」的意思，只是陽性（日）、陰性（夜）之分，早安是「早上好」，午安是「晚一點好」，晚安是夜裡弄在一起好，啊，不是，夜裡是noite的翻譯，弄一起是類發音啦～

巴西人多半熱情，連走在路上不小心四目交接的路人都會順口打聲招呼，餐廳裡服務生接待、超市結帳，或是要向人請教問題，隨時隨地都會先問聲好，適時微笑回應，給人感覺總是好的。

廁所／衛生間／洗手間 banheiro／sanitário／lavabo

問廁所實在太重要了，最通俗的說法是banheiro（廁所，念作「把捏依摟」），或者是sanitário（衛生間，念作「桑尼他理歐」），因為外來語的關係，將toilet的音轉巴西口音，再加尾音chi（起）也是可以的，就成了toalete，念作「偷阿累起」。如果太含蓄，比出洗手姿勢，假裝只是要洗個手的話，就真的會帶你去一間只有洗手檯而沒有馬桶的lavabo（喇發潑）了。

〔例句〕

Onde está banheiro／sanitário／toalete？Por favor.

請問廁所在哪裡？（翁吉・A死大・把捏依摟？波爾・法縫）

Por favor是「請」、「麻煩你」的意思，三不五時加在句尾，感覺很有禮貌。記得喔，跟人家說謝謝obrigado（歐布里軋哆）時，你是男生的話，結尾用o、女生用a（obrigada，歐布里軋打）。

通常他們會回de nada（不客氣，念作「吉・娜打」），或是imagina（可想而知，念作「依馬雞娜」）。

車站／地鐵／公車站／計程車站 estação／metrô／ponto de ônibus／ponto de taxi

Estação（A死打頌）泛指火車站，也可以是捷運各站的意思。公車站的用法又不一樣喔，每個站牌稱為站點——ponto（崩堵），所以公車站就是公車的站點——ponto de onibus，念作「崩堵・吉・歐你噗斯」（中間的de，視南、北部不同口音，有人念「吉」，有人念「得」）。

巴西計程車不像台北，想招就招得到的（招到算你運氣好），每隔一段距離就有一個小亭子狀的計程車站（ponto de taxi），市區或景點通常有很多計程車會在那裡排成一排等候，沒車時在亭子裡坐一下，經過的計程車看到就知道你要坐車，或者也可打亭子裡標示的電話號碼叫車。

● 飲料／果汁／汽水 bebida／suco／refrigerante

到餐館吃飯，服務生一定會先問你要喝什麼，飲料的通稱就是bebida，念作「北逼打」。

巴西的水果種類多，現打果汁鮮濃可口，果汁的通稱是suco，一般o在最後發u（烏）的音，所以果汁音似「漱苦」。閒妻最愛喝柳橙汁，所以到哪個國家玩耍一定先學柳橙汁怎麼說，葡文算是最難念的了，因為r的音在中間要捲舌，柳橙是laranja，學了好久才抓到訣竅，音近「拉楞甲」。柳橙汁就是suco de laranja（柳橙的汁）「漱苦・

吉・拉楞甲」。

巴西餐廳菜單中常見的果汁有下列幾種：

鳳梨：abacaxi阿爸卡細

西瓜：melancia美朗西亞

百香果：maracujá馬拉苦夏

葡萄：uva烏髮

哈蜜瓜：melão美隆（四聲）

木瓜：mamão馬夢

西印度櫻桃：acerola阿誰囉啦（大推，含高量維他命C，比柳橙和奇異果還猛的亞馬遜果實）

巴西莓：açaí阿撒意

汽水呢，也是有點難念：refrigerante，可以念作「嘿弗雷傑浪起」。其實直接點要喝的汽水名就可以了，例如：Coca可樂、Pepsi百事，Soda和Sprite都是檸檬汽水。比較特別的是巴西獨有的「瓜拉納」（guaraná）口味，這種亞馬遜果實有助提神醒腦、增強記憶力，雖然汽水中不過是加了它的萃取物，應該沒什麼功效，但口味有別於其他氣泡飲料。台灣人初喝時會覺得有點像蘋果西打，沒什麼特別，可是若依巴西人習慣加一片柳橙和冰塊的喝法，就會發現口味的微妙變化，所以我們在餐廳點用時，會提醒服務生com gelo e laranja（共．接摟．依．拉楞甲），就是加冰塊（gelo）和柳橙。

和可口可樂及百事可樂一樣，瓜拉納也有兩個主要廠牌，一個是本地廠牌Antarctica，產品名稱就是Guaraná Antarctica，它也是研發出瓜拉納汽水的廠家；另一個是可口可樂巴西廠研發的產品，稱為Kuat（掛起）。一般點瓜拉納時，該餐廳若簽約的飲料廠商是可口可樂，服務生就會問你，「沒有Guaraná，Kuat可以嗎？」基本上都是瓜拉納，只是口味有些許不同，視個人喜好罷了。

還有個很重要的飲品，就是水啦——aguá，念作「阿寡」。有分com gas（共．軋斯）的氣泡式，以及sem gas（伸．軋斯）的無氣泡式。不喝冰水的人，記得跟服務生強調要室溫水，也就是自然的natural（那杜兒繞），否則上桌的一定是冰沁涼的congelado（共結拉抖）。

今日特餐／豆子／白飯
prato do dia／feijo／arroz

之前電影《金孫》的導演周旭薇來參加年度的「聖保羅國際電影展」時，對葡文菜單點菜很頭痛，閒妻給她的小撇步就是指定今日特餐prato do dia（布拉抖・堵・基亞），肯定便宜又好吃。不管是路邊小吃店，或是商業區提供上班族午餐的餐廳，每天都會準備不同的特餐，多半是一樣主餐配上飯、燉豆子、生菜沙拉，有的還會加些薯條，一盤約十至二十巴幣不等（當然高級餐廳的價格就高多了，但不會用prato de dia，而是商業午餐excutivo almoço），通常會附黑豆feijo（肥姨熊：聽來就知道是會變肥的配料，但好吃呢），可以跟服務生另外要，不會加收錢的。

● 多少錢／價格／折扣／促銷
quanto custa／preço／desconto／promoção

想要詢價時你可以這麼問：

Quanto custa？

價值多少（關都・枯斯打）？

Quanto é？

要多少（關都・A）？

要講價時，記得吵著要desconto（得斯控抖），就是折扣的意思。看到店家大掛promoção（潑囉抹頌，聽來像是老闆潑出這價格就會不爽的樣子）促銷時，趕快進店裡搶購。在巴西付現不刷卡的話，有時可以拿到百分之五的現金折扣價。

●藥／藥房
droga／farmácia、drogaria

在巴西，除了加油站有附設的小超商，很少看到台灣人見人愛的便利商店，倒是藥房一堆，像水、糖果、餅乾、生活用品等，都能在藥房買到，比較像屈臣氏這類什麼都有的雜貨店，臨時需要時可以找找有沒有farmácia（髮兒瑪西阿）、drogaria（德囉嘎裡阿）這兩個字。Droga其實就是「藥」的意思，可是很好玩的是，這個字還能用來發洩情緒，不小心腳踢到鐵板：「德囉嘎！」和朋友聊天聽到讓人覺得誇張、不爽的事：「德囉嘎！」跟人吵架一言不合：「德囉嘎！」咦～怎麼有點像我們台語在靠過來靠過去？啊，教壞小孩子，沒事，藥，就是藥的意思！

附錄

巴西閒妻俱樂部回應網友Q&A

台灣對巴西的瞭解不多，旅遊或生活上的相關資訊相對也少了點，但這幾年來到巴西玩耍、工作或是嫁娶過來的還真不少，閒妻的臉書粉絲團就常收到大家的私訊提問，其實大家的疑惑都大同小異，在這塊園地簡單分享給讀者們囉。

Q1 赴巴西的各類簽證怎麼辦理？

A

簽證大概是大家最關心的主題了，最基本分為觀光、商務和居留簽證。

閒妻起初到巴西玩耍時，辦的都是觀光簽證，有一回卻辦了商務簽證，為什麼呢？原來巴西這個神奇的國家，真是什麼難以理解的現象都有可能發生。當年和巴西沒有邦交的國家大多需要另外辦一份叫做Lasseier Passar的文件，將簽證蓋在上面，用以取代護照，當時是一張大張的特殊紙張，後來改成像護照的小本子。那一年不知為何，巴西台北商務辦事處突然停辦觀光簽證，僅受理商務簽證，官方說法是，那張紙的存量不足，有鑑於從事商務工作的台商需求較為急迫，所以只提供商務簽證，至於觀光簽證，要等巴西當地加印後郵寄補貨才開放申請。所幸這兩年台灣的外交大躍進，總算是擺脫了那小本子，方便多了。

其實辦理觀光和商務簽證的方式大同小異，主要是價格高低不同。需要準備的東西如下：

- 準備六個月以上效期的有效護照。
- 一張六個月內拍攝的照片。
- 線上填寫申請表，並列印後簽名。
- 三個月內的存摺正本及影本或薪資單作為財力證明。
- 英文在職或在學證明。
- 附上本國身分證影本。

辦理觀光簽證需附上巴西飯店的訂房單，住親友家的請有居留身分的親友書寫葡文邀請函，並附上親友的巴西身分證件影本。

辦理商務簽證需由申請人公司出具保證信函，加上巴西本地公司的邀請函，另填一張商務調查表即可。

辦永居簽證就麻煩了，還牽扯到跨國文件問題，這大概也是巴西閒妻俱樂部臉書粉絲團最常被私訊詢問的問題。有人在巴西結婚，結完直接在巴西辦居留身分；有人回到自己的國家結婚，再以結婚證明到巴西商務辦事處或領事館辦居留簽證；也有人在巴西先登記結婚，回台灣補請喜酒後再重辦居留簽證。

第一條路是最簡單、快速的方法。辦了觀光簽證到巴西會情人，一時天雷勾動地火，就在這塊豔陽樂土簽簽字吧。喔～也沒那麼簡單啦，還是要把該有的文件準備好，像單身證明、良民證（無犯罪紀錄證明）之類的，都要有本國官方機構認證，再由巴西本地翻譯成葡文認證，才算正式文件。

在巴西登記結婚是要先預約的，未婚夫妻必須在預定結婚日的三十天前到巴西配偶戶籍地的公證所（cartório）申請，安排法官公證的日期，男女雙方和證人都要到場簽名，這時得要準備單身證明才能完成結婚登記，領取正式結婚證書（certidão de casamento）。有了結婚證書就能到聯邦警察局申請永居身分了。

以巴西本地的結婚證書申請配偶永居身分證其實不是太難，麻煩的是巴西聯邦警局的打官腔作風，他們不像台灣的公家機關人員以客為尊、笑容可掬、講解清楚，而是讓你排隊排好幾個小時，就只丟張清單讓你自行準備再來，現場若來不及看清楚，之後有任何疑問又得回去重新排隊詢問。

基本上，申請永居身分要準備的資料有：

- 3X4照片兩張
- 認證過與正本無誤的正式旅行文件影本，如護照。
- 認證過與正本無誤的結婚證書影本。
- 認證過與正本無誤的巴西配偶身分證件RG（土生土長巴西人的身分證）或RNE（持永居身分的巴西外國人身分證，一般華僑未歸化巴西籍都是持RNE）。
- 單身證明（要有外交單位認證過的）。
- 無犯罪紀錄聲明（良民證，已在巴西久居的在巴西辦，外國人在自己國家辦好認證帶來，要在三個月期限內）。
- 繳費收據（上網www.dpf.gov.br下載繳費單，自行至銀行繳納）。

一切就緒後就等候按手印，領取臨時身分證。因為貼上大頭照的臨時身分證其實就是申請表下方的收據條蓋上官印，所以大家都稱它為「白條」，這張白條可使用九十天，過了九十天若正式身分證還沒下來，得自己上網查詢或直接跑一趟聯邦警局詢問取件，或辦理延期使用。閒妻那個年代是上網怎麼查都查不出來的，只得每隔一段時間跑一趟碰運氣，現在聽說效率高了點，只是審核也嚴了些，好像還會有聯邦警員到府抽查是不是假結婚。

在國外結婚再回巴西辦也是可以的。傳統華人家庭多半希望嫁女兒能有個保障，主張在自己國家登記結婚或先辦公開喜宴，那麼巴西配偶就得準備好自己的單身證明等文件，到另一半所屬戶政事務所申請並登記結婚。這時就比較麻煩了，因為得先辦依親簽證，到了巴西後再到聯邦警局將所有前述流程再跑一遍，才算完成身分申請。

申請依親簽證也有一堆文件得準備，巴西配偶的身分證是一定要的，還要填妥一份聲明書，由巴西領事館或商務辦事處認證，申請人的護照、一張大頭照、上網填寫列印出的申請表、英文良民證、英文出生證明或戶籍謄本、結婚證書正本，所有本地的文件都要經地方法院公證，再由巴西領事館認證，一整個就是多付一堆錢和多搞一堆繁瑣程序的狀態，畢竟每份文件不管是法院公證或巴西辦事處認證，至少都是五百、一千台幣起跳的。

閒妻走的是最複雜的一條路。前面提過，閒妻是在浪漫夜景佐香檳的狀態下，隔天一陣混亂的被拉去簽了名吧？閒妻夫打鐵趁熱，一早叫了姐姐和兩個同事到區公證處當證人，以為人齊了，大家出示身分證簽簽名即可，誰知頂多只能辦理申請事宜，偏偏閒妻的來回機票半個月後就到期，根本等不了一個月後法官來正式證婚。沒想到，區公所承辦人也太熱情（好難得啊），居然建議我們當天辦申請，同時簽署授權書，授權第三者代新娘在公證結婚當天代為簽名結婚，正當我們傻眼想著：「這也行嗎？」承辦人竟

賊賊的笑說：「嘿嘿，這就是巴西，什麼都有可能。」（連巴西人都幫著閒妻夫，讓本姑娘沒機會落跑就對了）

於是閒妻事後到聖保羅台北經濟文化辦事處，透過美麗好心的承辦姐姐連線取得單身證明（台灣的e化行政系統真的棒），再將有的沒的文件留給閒妻夫後，就飛回台灣做個了結。半個月後，閒妻夫就和他姐姐（簽署接受委託授權的第三者）簽字結婚，當法官笑呵呵的拿起相機要為兩位新人及陪同的證人們合影時，大家臉都綠了（不用吧，貌似近親結婚的合影超怪的）。

閒妻事後便帶著閒妻夫寄來的所有在巴西公證過的文件影本和正本，依序跑依親簽證流程，因為文件有巴西的、也有台灣的，連台北商務辦事處都是首次辦理這類個案，大家一頭霧水，閒妻夫跑了好幾回聯邦警局也得不到答案，還被聯邦警局的承辦人取笑，怎不結完婚就來辦，當地結當地辦，簡單又快速（啊就不是新娘本人簽的婚書咩）。總之，最終還是又多辦了護照、經法院及外交部認證等五四三的文件，才好不容易拿到依親簽證，到巴西聯邦警局又耗了半年才拿到身分證。所以，奉勸所有打算嫁、娶巴西人的朋友，還是來玩時順便結一結，把居留證一口氣辦辦好吧！

正確更新消息和程序還是以官方公布為主，相關資訊如下：

- 巴西聯邦警局申請永居身分網頁：servicos.dpf.gov.br/sincreweb

- 巴西駐台北商務辦事處

地址：台北市士林區德行西路45號2樓（捷運芝山站2號出口）
網址：taipe.itamaraty.gov.br/zh

- 駐聖保羅台北經濟文化辦事處

地址：Alameda Santos 905, 12 andar, Cerqueira Cesar, Sao Paulo, SP-01419-001, Brasil
電話：55-11-3285-6988
網址：www.taiwanembassy.org/BR/SAO

Q2 巴西人到台灣比較好適應，還是台灣人到巴西比較容易生存呢？

A 這真的是見仁見智了。台灣治安好，又有二十四小時營業的便利商店，外國人要找工作，教教自己的母語也不是難事，手藝好的話，還能賣起巴西小吃，生活無虞。台灣人到巴西，剛開始真的很辛苦，這裡連英文都不通，生活瑣事常遇到溝通不良的困難，又要小心誤闖危險區域，但習慣之後，會點葡文，因為有中文優勢，找工作容易得多，薪水也高得多，有心做生意的，致富也不是不可能。

看到重點了嗎？就是要「會點葡文」。很多高學歷的新嫁娘，結婚前來玩時聽未來夫家說，「哎呀，你英文那麼好，在這找工作一定沒問題。」就想著反正會英文在哪裡都好找工作，結果換來的卻是一連串的失望。除非是外派過來做國際企業的主管，應徵本地工作都需要會基本葡語，才能和當地同仁溝通，就好像在法國找工作當然要會法文，在西班牙上班也要會西文是一樣的道理。

Q3 到巴西玩要帶旅行支票、美元，還是提款卡？

A 旅行支票似乎是大家出國時的安全選擇，但在巴西你可能會被搞到昏頭，因為一定得去銀行兌換，而且還不是每一家都可以換，必需要到大型的國際銀行某些有收旅支的分行，最主要的是，銀行一線人員肯定不會講英文，當你有一堆程序要填表、簽名時，你就知道語言不通有多痛苦了。

如果只是來玩耍，閒妻的建議是帶零用的美金和主要的提款卡、信用卡即可。巴西本地的信用卡都有加密碼，不怕被搶，所以大多數店家或餐廳都可刷卡，就算是小吃店也會收銀行現金卡，平時出門帶張卡和一些零錢就行了。現在的銀行都有國際連線，只要有連線標誌的提款機，都能直接從台灣的帳戶提領巴幣，通常大型百貨公司會有銀行駐點，最好在百貨公司裡的銀行提款機取款比較安全。美金在機場和大型百貨公司裡標示Cambio的地方可以換匯，偶爾一些華人商店也會給點方便，收美金或提供小額美金兌換。

Q4 店家大多幾點打烊？

A 一般百貨公司，除了電影和美食區，平均是上午十點開到晚上十點，週末的營業時間短，下午二點才開，晚上八點就關了。街上商店的話，就要看區域，平均營業到晚上八點左右，而日本城、韓國區等夜間較危險的觀光區，除餐館外，大約下午六、七點就打烊。餐廳、酒吧較晚打烊，平時大約到十一點，週末會到半夜兩點。少數大型麵包店會提供熱湯宵夜到半夜兩點。

Q5 外國人到巴西怎麼打電話、上網？

A 在巴西境內買易付卡很便宜，十塊、十五塊巴幣一張卡，下載該電訊公司的手機應用程式，即可網路加值，可以上網，也可以通話。擔心語言不通的話，可以在機場購買，有英語服務，但貴很多，而且一定要當場讓銷售員幫你設定好，否則一出機場，所有售後服務都是葡文語音系統。

Q6 飛巴西的國內、外航班哪個較優？

A 飛往巴西有歐洲線、美國線和南非線的選擇，閒妻婚前都會在姐姐家稍作休息，所以會選擇美國線。後來和閒妻夫一起飛，決定每次都停一個不同的城市玩耍，大多走歐洲線。這兩年中東的航空公司大促銷，聖保羅飛台北有時比飛到美國半程還便宜，而且只需停一個點，所以杜拜就成了直飛的最佳選擇了。

- 美洲線：聯合航空（UA）或美國航空（AA），從亞洲飛美東，再轉下來聖保羅或里約，但服務態度普遍不佳。加拿大航空（AC）需到多倫多再轉下來，服務佳，但路途遙遠。
- 中東線：阿聯酋（EK）只停杜拜一站，直飛台北，飛機舒服、服務佳又吃得飽。卡達（QR）除了中東外，需加停香港，沒有坐過，聽說還不錯。
- 歐洲線：巴西天馬航空（TAM）和其他歐洲航空或中國航空（CA）都有合作，但同樣除一站歐洲城市外，需加停香港、曼谷或北京。
- 南非線：南非航空（SAA），價廉，但轉機掛行李手續較麻煩，需加停香港。

巴西國內線比較知名的有天馬（TAM）、高爾（GOL）、藍天（AZUL），
據說現在只剩天馬有供小餐盒了。

BRAZIL

Style 16 **跟著閒妻遊巴西** 里約×聖保羅 上山下海Let's go!

作者 / 謝如欣 **責任編輯** / 何若文 **特約編輯** / 潘玉芳 **美術設計** / 謝富智 **版權部** / 吳亭儀、黃淑敏 **行銷業務** / 林彥伶、石一志 **總編輯** / 何宜珍 **總經理** / 彭之琬 **發行人** / 何飛鵬

法律顧問 / 台英國際商務法律事務所 羅明通律師 **出版** / 商周出版 臺北市中山區民生東路二段141號9樓 電話：(02) 2500-7008 傳真：(02) 2500-7759 E-mail：bwp.service@cite.com.tw **發行** / 英屬蓋曼群島商家庭傳媒股份有限公司城邦分公司臺北市中山區民生東路二段141號2樓 **讀者服務專線** / 0800-020-299 24小時傳真服務：(02)2517-0999 讀者服務信箱E-mail：cs@cite.com.tw **劃撥帳號** / 19833503 戶名：英屬蓋曼群島商家庭傳媒股份有限公司城邦分公司 **訂購服務** / 書虫股份有限公司客服專線：(02)2500-7718；2500-7719 服務時間：週一至週五上午09:30-12:00；下午13:30-17:00 24小時傳真專線：(02)2500-1990；2500-1991 劃撥帳號：19863813 戶名：書虫股份有限公司 E-mail：service@readingclub.com.tw **香港發行所** / 城邦(香港)出版集團有限公司 香港灣仔駱克道193號東超商業中心1樓 電話：(852) 2508 6231 傳真：(852) 2578 9337 **馬新發行所** / 城邦(馬新)出版集團 Cité (M) Sdn. Bhd. (458372U) 11, Jalan 30D/146, Desa Tasik, Sungai Besi,57000 Kuala Lumpur, Malaysia. 電話：603-90563833 傳真：603-90562833 行政院新聞局北市業字第913號

印刷 / 卡樂彩色製版印刷有限公司 **總經銷** / 聯合發行股份有限公司 電話：(02)2917-8022 傳真：(02)2911-0053 2016年（民105）06月30日初版 Printed in Taiwan 定價320元 商周部落格：http://bwp25007008.pixnet.net/blog ISBN 978-986-477-045-8 城邦讀書花園

●本書使用環保大豆油墨印刷。

國家圖書館出版品預行編目資料 跟著閒妻玩巴西 / 謝如欣著. -- 初版. -- 臺北市：商周出版：家庭傳媒城邦分公司發行, 民105.06
280面；14.8*21公分. -- (Style；16) ISBN 978-986-477-045-8 (平裝) 1. 旅遊 2. 巴西 757.19 105010239 105005593